또라이
질량 보존의
법칙에서
살아남기

KUZUYORI KOWAI MONO WA NAI

ⓒ Kaoru CURRYZAWA 2020

First published in Japan in 2020 by DAIWASHOBO Co., Ltd., TOKYO.

Korean translation rights arranged with DAIWASHOBO Co., Ltd., TOKYO,

through Shinwon Agency Co.

함께해서 더러웠고
다시는 만나고 싶지 않은
또라이에 대처하는
우리의 자세

✧

카레자와 카오루 지음

✧

이용택 옮김

또라이
질량 보존의
법칙에서
살아남기

니들북

CONTENTS

이 책의 주제는 딱 잘라 말해 '또라이'다.

'또.라.이.'라는 단어는 단 세 글자로 이루어져 있지만 그 속은 겨울 산행의 비상식량으로 제격인 초고칼로리 에너지바처럼 아주 묵직하다. 이 책에는 이렇게 조직이 든든한(?) 또라이만 등장하기 때문에 단숨에 읽으면 또라이 과잉 섭취로 건강이 위험해질 수 있다. 그러니 아주 조금씩 읽거나 아니면 사놓고 비상시에만 읽을 것을 추천한다(지극히 저자의 입장에서 말하자면 책을 사주기만 한다면야 특별히 읽을 필요는 없다).

지금 여러분의 주변에 또라이가 있는가? 혹은 본인을 또라이라고 생각하는가? 아마도 그렇다고 대답하는 사람은 생각보다 많지 않을 수 있다. 누구나 주변에 마음에 안 드는 사람이 한두 명은 있을 테고 자기 자신이 마음에 안 들수도 있겠지만, 그렇다고 무턱대고 또라이라고까지는 단정 짓지 않기 때문이다.

이 책에는 누가 봐도 또라이라고 생각할 만한 화려한 또라이는 등장하지 않는다. 이 책은 어디에나 있을 법한 기분 나쁜 사람이나 내면에 존재하는 살짝 뒤틀린 부분을 굳이 또라이라는 이름으로 소개하고 있다. 따라서 이 책을 다 읽고 나면 주변 사람들이 모두 또라이로 보일 뿐 아니라 '나 역시 또라이였구나.' 하는 감상을 품을지도 모른다. 이런 이유에서 이 책은 자신을 포함한 세상의 모든 사람들이 싫어졌으면 좋겠다고 생각하는 사람에게 매우 추천할 만하다.

그러나 이 책을 자기 계발서 코너를 점령하고 있는 인생이 쉬워지는 책에 대항해 인생을 힘들게 살고 싶어 하는 사람들을 위해 쓴 것이라고 단순하게 말할 수는 없다. 흔히 세상의 모든 꽃은 나름대로의 아름다움과 장점을 지니고 있으므로 서로 경쟁하거나 비교할 필요가 없다고 말한다. 이 책도 이와 같은 사고방식으로 집필했다. 모두가 똑같이 또라이이기 때문에 불필요하게 남과 비교해 열등감을 느낄 필요가 없다는 개념인 것이다. 다만 또라이의 종류는 다르다.

사람들은 '나름대로의 아름다움과 장점'을 지니고 있지만 정작 자신의 장점을 찾는 일은 쉽지 않다. 자신의 장점을 찾는 것은 모래사장에서 반년 전에 잃어버린 콘택트렌즈를 찾는 것과 같다. 장점이 아예 없을 가능성도 부정할 수 없고.

반면에 또라이는 쉽게 찾을 수 있다. '그 콘택트렌즈 말이야. 알고 보니 내 눈에 끼워져 있었어.'라는 수준으로 말이다. 또한 자신의 또라이 기질보다는 남의 또라이 기질을 더욱 쉽게 지적해낼 수 있다. 그러므로 다들 똑같은 사람이니까 비교하는 것은 무의미하다는 마음으로 위안을 얻고 싶다면 각자의 장점을 찾기보다 각자의 또라이 기질에 눈을 돌리는 것이 훨씬 빠르다. 요컨대 이 책은 시간 단축형 자기 긍정 책이다.

한편, 여기서 소개하는 또라이들에 대해 '이런 또라이도 있구나.'라고 생각하는 것에 그치지 않고 '나에게도 또라이 같은 면이 있지.'라고 깨닫는 데도 이 책을 활용하기 바란다. 또라이 같은 면을 인지하고 고쳐야 한다는 말이 아니다. 어차피 또라이 기질은 고쳐지지 않으니 그저 깨닫는 것만으로도 충분하다. 불필요하게 자신을 또라이로 여기는 것도 바람직하지 않지만 자신은 전혀 또라이가 아니라고 굳게 믿는 것도 어떤 의미에서는 인생(본인 포함 주변 사람 모두의 인생)을 힘들게 만든다.

남의 또라이 기질에 분노를 느꼈을 때 나에게도 그런 면이 있다고 생각하면 분노를 가라앉히기 쉽다. 하지만 자신은 전혀 또라이가 아니고 아무 잘못도 없다고 확신하는 사람은 이해할 수 없는 타인의 또라이 같은 언행에 대해 당황스러워하며 불같이 화를 낸다. 이래서는 세상 살기가 여간 피곤하지 않을 수 없다.

이 책에 등장하는 또라이와 마주쳤을 때는 '아, 그 책에서 봤던 또라이로구나!'라고 생각하며 분노를 가라앉히기 바란다. 이런 또라이가 있다는 사실을 알아두는 것만으로도 진짜 또라이와 만났을 때 당황하지 않고 '뭐야, 그냥 또라이잖아.'라는 생각으로 넘길 수 있다.

물론 이 책을 '이놈이나 저놈이나 다 싫다. 내 눈앞에서 전부 없어져버려!'라고 현실을 부정하는 데 사용해도 괜찮지만 가능하면 자기를 긍정하고 타인을 이해하는 데 활용했으면 좋겠다. 정 싫으면 냄비 받침으로 써도 좋다. 솔직히 이 책을 사주기만 한다면 용도는 특별히 신경 쓰지 않겠다. 냄비 받침으로 쓰다가 지저분해졌다고 한 권 더 사주면 이보다 더 좋을 수 없을 것 같다. 지하철에 두고 내리는 등의 적극적인 방법으로 한 권 더 사줘도 좋고.

아무튼 앞에서도 말했듯 이 책은 천천히 읽어야 한다. 이 책을 샀다는 사실조차 잊어버릴 만큼 아주 천천히 읽기 바란다. 이 책이 어디 갔나 싶어서 또 한 권 구입할 만큼 천천히, 아주 천천히.

PART 1.

내 주변의 또라이 전격 해부

성실형

또라이

스스로 또라이라고
깨닫지 못하는 경우가
희한할 정도로 많다.

스스로를 또라이라고 생각한 적이 단 한 번도 없는가? 그렇다면 당신이 또라이가 아니라고 확신하는 근거는 무엇인가? 법을 어기지 않아서? 폭력을 휘두르지 않아서? 바지 지퍼를 열고 다니지 않아서? 아니면 부모님 등골을 빼먹지 않아서?

위에 말한 것 중에서 어느 하나라도 해당된다면 확실하고 스타성 돋보이는 또라이가 분명하며, 또라이 아이돌 그룹을 결성한다면 센터 자리를 다툴 만한 인재다. 이런 기라성 같은 또라이 인재들이 주변에 바글바글하다면 당신은 '난 쟤네들과 근본부터 달라. 나는 또라이가 아니거든.'이라며 착각의 늪에 빠질 수 있다. 예상했겠지만 이는 완전히 틀린 생각이다. 아무리 부인해도 당신이 또라이 그룹에 속하지 않은 건 아니며, 단지 그룹 내에서 존재감이 없는 멤버일 뿐이다. 재차 강조하지만, 당신은 또라이 그룹의 센터 멤버에 비해 또라이로서의 끼가 약간 떨어질 뿐 당신이 또라이라는 사실에는 변함이 없다.

요즘 이와 같은 '성실형 또라이'가 여기저기서 자주 눈에 띈다. 어쩌면 이들은 인류가 탄생한 이래로 늘 우리 주변에 서식해왔는지도 모른다. 그저 지금까지 '저 사람은 멀쩡한 것 같긴 한데 살짝 이상한 면도 있어.'라고 느껴지는 애매한 존재였던 것이다. 이것이 성실형 또라이라는 기발한 작명 센스로 말미암아 이름이 붙여지고 새롭게 정의 내려진 것은 그야말로 중력, 전기, 혹은 기초 체온 임신 조절법의 발견에 버금가는 대발견이라 할 수 있다.

성실형 또라이는 언뜻 착하고 온순해서 성실하다는 평가를 받지만 결코 부지런하지 않으며 노력하려는 마음도 없다. 성실하다는 평가를 이용해 얼렁뚱땅 눈속임을 하고 다른 사람들이 보지 않는 곳에서 요령을 피우며 딴짓을 일삼는다. 대놓고 또라이 기운을 물씬 풍기는 진성 또라이보다 더 게으르고 일하지 않는 인간인 것이다.

성실형 또라이의 발견은 과히 위대하다고 할 만하다. 나는 이 말을 접하기 전까지 스스로를 성실한 편이라고 여겼다. 하지만 내가 "전 성실한 편에 속합니다."라고 말한다면, 나를 아는 사람들은 원숭이가 "전 35년 동안 저를 인간이라고 생각했습니다."라고 커밍아웃할 때와 동일한 수준의 충격을 받을 것이다. 안타깝게도 이 세상에는 나처럼 자신을 성실하다고 믿는 성실형 또라이가 수두룩하다.

스스로 성실하다고 자부하는 사람은 '난 성실히 사는데 왜 남들은 날 제대로 인정해주지 않고 외려 미워하는 걸까?' 같은 고민을 자주, 많이 한다. 이에 대한 답은 '넌 또라이니까.'이지만 본인은 결단코 깨닫지 못한다. 아마 당사자는 엄청난 불행과 불운에 휩싸인 불쌍한 인간이 된 듯한 기분일 거다. 하지만 자신이 또라이임을 알아차리면 불운은 필연이 되고 지금까지 막혔던 길이 뻥 뚫리게 된다. '아, 내가 또라이라서 그런 거구나!'라는 깨달음과 동시에 불행이라고만 여겼던 일련의 일들이 이해되기 때문이다.

어차피 또라이니까 자신이 또라이임을 알아차렸다면 미친 것처럼 "그래! 나 또라이다!" 하고 당당히 외쳐보자. 불행과 불운으로 인한 자기 연민을 견디지 못하고 괴로워하는 것보다 차라리 자신의 손으로 여기저기 묻어둔 지뢰를 밟고 자폭하는 편이 덜 억울할 테니까.

성실형 또라이라는 말이 생겨나면서부터 수많은 또라이가 자신의 또라이 기질을 깨닫고 적극적인 마음가짐을 지닐 수 있게 되었다. 하지만 세상에는 아직 이것을 깨닫지 못한 채 자신의 불운만 한탄하는 또라이가 한둘이 아니다. 이를 본인 탓이라고만 할 수는 없다. 앞서 말했듯 이 세상에는 천재와 슈퍼스타가 수두룩하며 또라이 세상도 예외는 아니기 때문이다.

세상에는 어린아이를 범죄에 이용하거나 재미로 어머니를 구타하는 쓰레기가 존재한다. 이런 압도적인 퍼포먼스가 눈앞에서 펼쳐지면 근처의 또라이는 그나마 자신은 멀쩡한 인간이라고 생각하기 십상이고, 주변에서도 "넌 또라이까진 아니지."라는 평가를 받으며, 최악의 경우에는 본인을 착한 사람으로 착각할 수도 있다. 가까운 곳에 역대급 또라이가 서식하면 자신의 또라이 기질을 자각하지 못하는 것은 어쩔 수 없는 일이다. 평범한 사람은 천재의 화려함에 농락당하는 법이니 말이다. 슬프지만 이 법칙은 또라이의 세상에서도 적용된다.

그러다 천재가 사라지면 스타성이 가려져 있었던 평범한 또라이가 어느 순간 각광을 받게 된다. 그리고 주변에서는 '이 사람 생각보다 더 별로였네.'라고 인지하게 되며 지금까지와는 다른 방식으로 대응할 것이다. 그러면 이 평범한 또라이는 혼란에 빠진다. 여태 좋은 사람 취급을 받으며 스스로도 좋은 사람이라고 생각하고 있었기 때문이다.

수준 높은 또라이들 때문에 식별하기 힘들지만 인간은 누구나 어느 정도의 또라이 기질을 가지고 있다. 인간이기 때문에 당연한 것이며, 다만 그 종류와 규모가 다를 뿐이다.

또라이 기질을 고치든 고치지 않든 간에 상관없이 중요한 것은 스스로 또라이임을 깨닫는 일이다. 또한 자신뿐 아니라 다른 사람의 또라이 기질도 알아차려야 한다. 끝없는 열등감을 느끼거나 나 외의 모든 사람이 멋지게 잘 사는 것처럼 보일 때가 있을 것이다. 하지만 현실은 다르다. 멋대로 다른 사람을 성인군자로 만들지 마라. 자신의 기준으로 남을 높게 평가하면 상대방의 결점을 발견했을 때 또 멋대로 배신당했다고 생각하게 될 것이다.

누구나 마음속에 또라이 하나쯤은 품고 있지 않느냐고 생각하면 쓸데없이 열등감을 느낄 필요가 없다. 그리고 상대방을 완벽하지 않은 한 인간일 뿐이라고 생각하면 넓은 아량으로 그 사람을 받아들이고 싶은 마음도 생겨난다. 다른 사람을 티 없이 깨끗하고 착한 사람이라고 생각하는 것은 상대방을 인정하는 게 아니라 상대방은 원하지 않았는데 그 사람 앞에 너무 높은 기준을 세우는 것과 같다.

앞으로 다채로운 또라이에 관해 다룰 것이다. 하지만 이것은 또라이를 매도하기 위해서가 아니다. 스스로 또라이임을 인식하면서 남들이 어떤 유형의 또라이인지 알아차리고 이를 받아들이기 위해서다.

다양한 또라이 유형에 하나도 해당되지 않는 사람은 말 그대로 천사 같은 존재다. 이런 사람들은 썩어빠진 세상에 남아 있지 말고 얼른 천상계로 돌아가주길 바란다. 반대로 다양한 또라이 유형에 모조리 해당된다면 주변 사람들에게 피해를 주지 말고 무인도로 이주하는 걸 고려해보는 것도 나쁘지 않다.

"난 성실히 사는데 왜 남들은
날 제대로 인정해주지 않고 외려 미워하는 걸까?"

위선형 또라이

**착한 척하는 사람이
더 까다롭다.**

이 세상에는 가족한테 빌붙어 살면서도 어머니나 부인에게 폭행을 휘두르고 뻔뻔하게 낯짝을 들고 다니는 백수건달이 있다. 이렇게 찬란히 빛나는 또라이의 그늘에 가려져 찬밥 신세였던 무명 또라이, 실력은 있지만 눈에 띄지 않던 숨은 또라이에게 스포트라이트를 비추며 "뭐야, 너 의외로 또라이였구나. 다시 봤어." 하고 말해주는 게 이 책의 콘셉트다.

아마도 이 책을 읽는 사람들은 '아니, 그래도 그렇지. 이 세상에 또라이가 이렇게 많다고?' 싶어 곤혹스러울 것이다. 자그마치 서른네 종류나 되는 또라이를 눈앞에 두고 '이 세상에는 또라이가 넘쳐나는구나…….' 하며 절망스럽기도 할 것이다. 물론 책을 쓰는 나로서는 기획 소재가 수두룩한 셈이니 희망을 느낀다. 이런 의미에서 얼른 다음 또라이를 소개하겠다. 나머지 또라이들까지 살펴보려면 시간이 없으니 서둘러야 한다.

위선형 또라이

'퇴근 시간 되면 눈치 보지 말고 얼른 퇴근해, 무리하지 말고 쉬엄쉬엄 일해' 같은 세상 착한 말을 건네면서 부하 직원에게 일거리를 잔뜩 떠넘기고 먼저 퇴근하는 상사 같은 또라이.

어디에나 있을 법한 이런 지긋지긋한 상사를 그냥 또라이라고 단정 짓고 또라이 취급하면 속은 시원하겠지만 지옥 같은 뒷감당은 어찌할 것인가. 다들 '그렇게 하면서까지 일해야겠어?'라고 생각은 하면서도 그렇게 하면서까지 일할 수밖에 없는 처지이니까 말이다. 그야말로 진짜 또라이 같은 상황인 것이다.

물론 칼퇴근 정책을 잘 준수하는 회사도 있다. 그런데 대부분은 보여주기식인 경우가 많다. 업무 시간이 줄어들어도 업무량은 그대로이기 때문이다. 다음 날 출근했더니 전날 끝내지 못한 업무에 오늘 새롭게 추가된 업무까지 산더미처럼 쌓여 있더라는 이야기는 흔하디흔하다.

일단 위선형 또라이의 나쁜 점은 말 그대로 착한 척한다는 것이다. 창밖을 한번 내다보자. 혹시 딱 봐도 불량한 옷차림에 껄렁껄렁한 표정을 짓고 있는 사람이 보이는가? 이들은 온몸으로 자신이 나쁜 놈이라고 표현한다. 이 나쁜 놈들은 무고한 행인에게 시비를 걸거나 불쌍한 노인의 지갑을 털 수 있다. 얼굴에 나쁜 놈이라고 써 붙이고 다니니까 당연히 나쁜 짓을 하리라는 예상이 된다. 이 나쁜 놈들은 주변 사람들에게 나쁜 놈으로 비치는 데에 한 치의 주저함도 없다.

솔직함의 측면에서만 따져보자면 위선은 순수한 악보다

더 나쁘다. 위선형 또라이는 착한 사람처럼 보이면서 나쁜 짓을 하고 싶어 하는 놈이거나, 혹은 착한 일을 할 생각은 없지만 착한 일을 하는 것처럼 보이고 싶어 하는 놈이다.

돈을 노리는 위선형 또라이도 있다. 사람을 대할 때 순수한 선의로 행동하는 게 아니라 뭔가 대가를 얻으려고 호시탐탐 노리는 또라이다. 쉽게 말해, 등쳐먹을 수 있겠다 싶은 상대에게만 선행 비슷한 걸 베풀고, 등쳐먹기 힘들겠다 싶은 상대에게는 전혀 선의를 보이지 않는다.

뭐 이렇게 얍삽하고 이해타산적인 사람이 있나 싶어 화가 나는가? 하지만 위선형 또라이가 전부 이런 부류라고 생각하는 건 너무 성급하다. 세상에는 전혀 이해타산적이지 않고 엉큼한 마음도 품지 않는 위선형 또라이도 있으니까. 뭔 소리인가 싶겠지만 이 또라이들은 자신의 행동을 스스로 진짜 선행이라고 생각한다. 그런데 이들이 생각하는 최상의 친절이 받아들이는 입장에서는 폭력이 될 수 있다. 이들은 흔히 "다 너 좋으라고 하는 일이야."라고 말한다.

자신이 악행을 저지른 사실을 인지하고 있는 사람은 그 짓을 들키지 않기 위해 애쓴다. 다른 사람은 몰라도 최소한 경찰에게는 비밀로 할 것이다. 하지만 자신의 행동을 선한 것으로 믿고 있는 사람은 거리낄 게 전혀 없다. 때문에 이런 유형의 위선형 또라이가 제일 까다로운 것이다.

날카로운 칼로 배를 마구 찌르려고 덤비는 상대방에게는 "하지 마!"라고 외칠 수 있지만, "수은을 조금씩 마시면 면역력이 높아져서 감기를 예방할 수 있어요."라고 진심으로 믿으며 호의로 수은을 권하는 사람에게는 도저히 "하지 마!"라고 외칠 수 없는 법이다. 더구나 그게 틀린 생각이라고 상대방을 설득하는 일도 꽤 큰 수고가 든다.

좋은 게 좋은 거라는 마음으로 수은을 아주 조금 마시는 모습을 보여주고 이 또라이들을 납득시켜 넘어가려고 해도 이들은 진심으로 선행을 베풀었다고 생각하기에 이후로 계속해서 수은을 권할 것이다. 그러다 보면 처음에 한 모금이었던 수은이 시간이 지나면서 페트병만큼의 양이 되고 만다. 만약에 수은을 마시지 않겠다고 거절하면 위선형 또라이는 "사람의 호의를 매몰차게 거절하다니 너무하네요."라고 말할 것이다.

지금 당장 위선형 또라이를 무인도에 한꺼번에 몰아넣고 자신이 생각하는 최고의 친절을 서로에게 베풀어보게 하고 싶다. 다들 필살기급의 친절을 베풀 테니 머지않아 살아남은 인원이 급격히 줄어들 게 뻔하다.

선의를 지닌 위선형 또라이의 친절한 마음만큼은 진심이다. 다만 이들은 약간 무식하다. 이는 선천적인 성질이라 어찌 보면 딱한 면도 없잖아 있다.

일부러 남을 속이려는 위선형 또라이 또한 나쁜 면만 있는 건 아니다. 말만 번지르르한 사람이라고 비난할 수 있지만 세상에는 말 한마디조차 제대로 못하는 사람들이 숱하지 않은가. 말만 그럴싸하게 하는 게 무슨 의미가 있냐고 하겠으나 의외로 의미가 있다! 중년의 이혼 사례를 듣다 보면 "지금껏 남편이 고맙다는 말을 단 한 번도 안 했어요."라고 푸념하는 아내가 많다. 반면에 남편은 그저 "말 안 해도 내 마음을 알아줄 거라 생각했어(내 마음을 헤아리지 못한 네 잘못이야)."라는 평계를 댄다. 말하지 않아도 내 마음을 알아줄 것이라니 무슨 텔레파시 능력자도 아니고.

일거리를 잔뜩 떠넘긴 상사에게서 "쉬엄쉬엄 해."라는 말을 듣고 짜증이 폭발하는 사람도 있지만, 그 친절한 한마디에 마음이 달래져서 아무런 위로의 말을 건네지 않는 것보다야 낫다고 생각하는 사람도 많다.

위선형 또라이들은 경박한 말일지언정 귀에 들리는 형태로 친절한 말을 할 수 있다는 점에서는 그나마 괜찮은 또라이라고 할 수 있다.

"다 너 좋으라고 하는 일이야."

혜성형 또라이

**말로만 호언장담하고
몸은 꼼짝도 안 한다.**

또라이로 성공하는 데 필요한 자질은 뭘까?

사회적으로 성공하려면 두뇌가 필요하고, 연예계에서 성공하려면 외모가 필요할 것이다. 물론 성공 요인에 해당하는 것이 한 가지 자질만은 아니겠지만 갖추고 있으면 절대적으로 유리한 조건이라는 사실은 부인할 수 없다.

그렇다면 한심한 또라이들에게 필요한 자질은 뭘까? 그건 바로 행동력이다. 인간은 누구나 머릿속으로 또라이 같은 생각을 한다. '일 안 하고 놀기만 하면서 살고 싶다, 내가 무슨 말을 해도 들어주는 호구한테 고기나 사달라고 해야겠다, 아내(남편) 몰래 바람을 피워볼까?, 저 자식 자꾸 눈에 거슬리는데 한 대 쥐어박고 싶다' 등등의 또라이 같은 생각을 말이다. 하지만 또라이 같은 생각을 실제 행동으로 옮기는 사람은 거의 없다. 이 생각을 정말로 실천하는 사람이야말로 재능 있는 또라이다. 평범한 또라이는 머리로 생각만 할 뿐 윤리나 상식 같은 데에 얽매여 쉽사리 행동으로 옮기지 못한다.

한번 내뱉은 말은 반드시 실행하는 차원을 넘어 말하기도 전에 실행하는 프로슈토 형님[*]처럼 쿨한 구석이 있다면

---

[*] 《죠죠의 기묘한 모험》 5부의 등장인물. 뭔가를 하겠다고 결심한 순간에 그것을 이미 끝내놓아야 한다는 점을 우리에게 가르쳐준 사람이다.

또라이계의 스타가 될 수 있다. 바꿔 말해, 수준 높은 또라이는 자신의 꿈을 실현하는 재능이 뛰어나다. 어중간한 또라이는 대체로 이런 재능이 부족해서 월요일만 되면 '회사를 폭파시켜버릴까?' 하고 생각하면서도 정말로 폭파하려는 꿋꿋한 기상과 행동력이 없다.

자신이 행동력이 부족한 또라이라 하더라도 실망하기에는 아직 이르다. 또라이 특기자 전형이라는 제도가 있으니까. 이 말인즉슨 뭐가 됐든 뛰어난 또라이 기질이 하나라도 있다면 다른 엘리트 또라이와 어깨를 나란히 할 수 있는 기회가 주어진다는 의미다.

혜성형 또라이

유학, 퇴사, 창업, 결혼 같은 인생의 중대한 결심을 하겠다고 호언장담하면서도 아직은 적절한 타이밍이 아니라며 유예 기간을 두는데 몇 년이 지나도 그 타이밍은 절대 찾아오지 않는다. 한번 사라지면 언제 또 올지 모를 혜성 같은 또라이.

이런 또라이를 혜성형이라고 부르는 특별한 이유는 없다. 혜성은 언젠가 지구에 충돌해버리겠다는 듯 끊임없는 위협을 가하면서도 지금은 때가 아니라며 물러나 우주를 빙글빙글 돌기만 하는 존재다. 그러니까 혜성형은 행동력이 부재한다는 또라이로서의 치명적인 결점을 반대로 발전시켜서 더 강력한 또라이가 된 유형이라고 할 수 있다.

그런데 아무것도 하지 않는 것은 단순한 멍청이거나 게으름뱅이에 불과할 뿐 또라이라는 강력한 타이틀을 손에 넣을 만한 인재가 되기에는 충분하지 않다. 그래서 아무것도 하지 않는다는 요소 외에 말이 많다는 요소도 추가적으로 필요하다. 즉, 말과 행동의 격차를 얼마나 벌리는지에 따라 또라이로서의 급이 결정된다.

일단 혜성형 또라이에게 필요한 건 용기다. 또라이에게는 어울리지 않는 말이라고 생각할지 모르나 호기롭게 허세를 부리려면 용기가 필요한 법이다. 나는 만화가로도 활동하고 있는데, 농담 삼아 내 만화책을 전 세계 인구 70억 명에게 한 권씩 팔겠다고 말할 수는 있어도 언젠가 100만 부를 팔아서 극장판 애니메이션을 제작하겠다는 식의 현실적으로 일어날 가능성이 1퍼센트라도 있는 이야기는 결코 입밖에 내지 않는다. 물론 그러고 싶다고 생각은 할지라도 남한테는 함부로 말하지 못한다. 왜냐하면 실현 가능성이 있는 말을 떠벌렸다가 실현하지 못하게 되면 망신스럽고 창피하기 때문이다.

혜성형 또라이에게는 다른 사람의 웃음거리가 되고 싶지 않다는 걱정을 개의치 않는 용기가 있다. 아니면 이것이 정말로 실현 가능하다고 믿어 의심치 않는 자기 확신이 있다.

그런데 단순히 과장된 이야기를 한다고 다 되는 게 아니다. "나는 무조건 대단한 일을 하고 말 거야."라고 말하면 무시당하고 비웃음을 살 게 뻔하다. 꿈을 이야기할 때는 허황되게 말하기보다는 상대방을 이야기에 빠져들게 만드는 기술이 필요하다. 이때 상대방의 이야기를 차단하고 자기 말을 꺼내는 타이밍이 중요하다. 매번 행동하는 타이밍은 놓치더라도 이야기에 끼어드는 타이밍은 완벽하게 잡아야 한다.

여기에 인포데믹스라든지 덤벨 경제라든지 하는 어려운 말을 풍성하게 섞어 쓰는 어휘력이 필요하다. 물론 단어의 의미를 알 필요는 없다. 오히려 모르는 편이 더 좋다. 더불어 해외 봉사 활동 같은 경제적인 이익과 관련 없는 걸 추구하면 점수를 더 딸 수 있다. 다시 말해, 자선을 베풀려는 마음도 필요하다.

종합하면 혜성형 또라이는 '용기, 자기 확신, 타이밍을 읽는 힘, 어휘력, 자선을 베풀려는 마음' 같은 것으로 대표되는 흔해빠지고 하찮은 또라이다.

이들에게는 양성과 악성이 있다. 혜성형 또라이가 양성인지 악성인지는 남을 끌어당기는 힘의 유무로 구분할 수 있다. 일단 허황된 이야기를 하고 아무리 시간이 흘러도 행동으로 옮기지 않는다는 점까지는 똑같다. 그러나 남을 끌어당기는 힘을 가지고 있는 악성 혜성형은 허황된 이야기를 하는 순간 상대방으로부터 돈을 끌어당긴다. 행복한 미래를 속삭이면서 돈을 갈취하는 혼인 빙자 사기꾼이 이에 해당한다. 여기에 비하면 남을 끌어당기는 힘이 없는 양성 혜성형은 반려견처럼 귀여운 수준의 또라이로 짖는 소리가 가끔 시끄러울 뿐이다.

'용기, 자기 확신, 타이밍을 읽는 힘, 어휘력, 자선을 베풀려는 마음'

풍향계형 또라이

재능이
없다면

포기하는 게
현명하지!

어떤 의미에서는
처세술이 뛰어나다.

어떻게 하면 또라이계의 정상에 오를 수 있을까? 요즘 내 머릿속은 이 생각으로 가득 차 있다.

또라이라는 존재는 욕망이 강하고 그 욕망을 주저 없이 실행으로 옮기는 행동력이 있어야 한다고, 그러므로 욕망을 억제하는 이성 따위가 있어선 안 된다고 생각하던 시기가 나에게도 있었다. 그런데 생각에 생각을 거듭할수록 정반대의 결론이 내려졌다. 또라이야말로 이성이나 분별력이 필요하다. 아무한테나 대들고 덤비는 건 또라이가 아니라 그냥 멍청한 거다. 상대방 혹은 상황에 따라 대처법을 적절하게 바꿀 줄 안다면 그는 진정한 또라이다.

풍향계형 또라이

B급 연예인의 불륜이나 스캔들에는 하찮은 정의감을 발휘하며 악플을 달지만, A급 연예인의 스캔들에는 얌전히 침묵을 지키며 몸을 사리는 또라이.

중2병스럽게 표현하자면 바람을 듣는 능력이 있다고나 할까? 쉽게 얘기해 상황 파악을 약삭빠르게 한다는 뜻인데, 이게 또 또라이에게는 아주 필요한 능력이다.

부모님 지갑에서 돈을 훔친다고 치자. 엄마가 전 레슬링 챔피언이라면 엄마 지갑은 건들지 않는 게 현명하며 대신에 아빠 지갑을 노려야 할 것이다. 이처럼 풍향계형 또라이는 임기응변을 실천할 수 있는 능력, 즉 상대방을 잘 헤아려가면서 행동하는 능력을 갖추고 있다. 이들은 일단 상대방이 자신보다 위인지 아래인지 살피고 그에 따라 태도를 바꾼다. 강한 사람에게 약하고 약한 사람에게 강한 또라이인 것이다.

상대방이 평범한 엄마든 전직 레슬링 챔피언인 엄마든 상관없이 동일한 또라이성을 발휘한다면 그는 오히려 멋진 사람이다. 평범한 엄마에게는 건방지게 대들고 전직 레슬링 챔피언 엄마에게는 굽실거리는 게 진정한 또라이다.

최근 인터넷상에서 이런 유형의 또라이가 적조 현상 생기듯 대량으로 발생하고 있다. 불륜을 저지른 연예인처럼 아무리 악플을 달아도 자신에게 해가 없는 상대를 발견하면 가루가 될 때까지 까는 부류가 바로 그들이다. 불륜 때문에 가정이 파탄 난 직간접적인 경험을 한 사람이라면 연예인의 불륜 사건을 접했을 때 과하게 화낼 수 있다. 그런데 이런 경우도 아닌 데에다 특별히 피해를 입지도 않았는데 목숨을 걸고 일면식이 없는 사람의 욕을 해대는 자체가 정상은 아니다. 그럼에도 어째서인지 불륜이라는 나쁜 짓을 했으니 나쁜 말을 들어도 싸다는 식으로 다들 욕을 해대니까 자기도 덩달아 욕하는 무리에 동참해버린다.

바람이 부는 방향에 따라 이리저리 흔들리는 풍향계형 또라이는 본인은 극구 부인해도 무의식중에 동화되고 마는 감염력 높은 환절기 감기 같은 캐주얼한 또라이다.

연예인 험담 정도면 그나마 괜찮은 편이다. 부하 직원에게는 엄격하면서 윗사람한테는 알랑방귀를 뀌는 풍향계형 또라이 같은 상사는 주변에 적잖은 피해를 끼친다. 젊고 예쁘거나 잘생긴 이성 직원에게만 친절하게 대하고, 그렇지 않은 부하 직원에게는 퉁명하게 대하는 상사를 떠올려보라. 생각만 해도 진절머리 나지 않은가. 물론 상대방에 따라 태도를 바꾸는 건 인간으로서 어쩔 수 없긴 하다. 그렇지만 높은 사람에게 굽실거리고 "자네 재미있는 사람이로구먼. 내 밑으로 와주게나."와 같은 반응과 결과를 즉각적으로 이끌어내는 일은 만화에서나 가능하다. 자기보다 높은 사람에게는 굽실거리는 것보다 경의를 표하는 게 맞다.

한편, 자기는 세상 모두를 공평하게 대한다면서 부모뻘 되는 사람에게 반말을 찍찍 해대는 젊은것들은 또 다른 유형의 또라이다(이런 또라이들에 대해서는 뒤에 자세히 다루기로 한다).

바람의 방향에 따라 왔다 갔다 하는 풍향계 같은 움직임은 야생 동물에게는 생존에 필수적인 항목이다. 짐승의 왕 사자도 사냥할 때 자기보다 강해 보이는 동물은 공격하지 않는다. 괜히 허세를 부리는 일 없이 약한 동물 중에서도 특히 더 약한 녀석을 노린다. 그래야 사냥에 성공할 확률이 높아지니까. 동물의 입장에서 보면 상대방을 면밀히 살피지 않는 인간의 행동이 부자연스러우며 풍향계형 또라이가 정상일 수 있다. 이런 점에서 상대방의 눈치를 지독하게 살피는 사람을 '짐승의 왕 사자형 또라이'라고 이름 붙여야 할지도 모르겠다. 특별한 능력이 없는 존재가 혹독한 자연에서 살아남기 위해 상대방을 살피는 힘을 키워온 게 바로 풍향계형 또라이다. 이들은 상대방을 살펴보는 힘과 더불어 주변 상황을 파악하는 힘까지 갖춘 경우도 많아서 그 자리의 분위기에 잘 녹아든다. 처세술의 관점에서 본다면 풍향계형 또라이는 보고 배울 점이 있긴 한 것이다.

상황에 따라 노선을 척척 변경하는 것은 어찌 보면 재능이며 흉내 내려고 해도 잘 안 된다. 이들을 어설프게 따라 하면 마음에도 없는 칭찬을 건넨 상대방에게 방금 전과 똑같은 칭찬을 해버리거나, 아예 정반대의 칭찬을 해버리거나, 전혀 다른 사람에게 똑같은 칭찬을 해버리는 등의 실수로 인해 오히려 인간관계에 금이 갈 수도 있다. 영혼 없는 칭찬을 할 바에야 차라리 '날씨가 좋군요'나 '식사하셨어요?' 같은 해도 그만 안 해도 그만인 안부 인사를 건네는 게 낫다. 즉, 풍향계형 또라이처럼 이리저리 흔들리는 재능이 없다면 일단은 한 방향만 추구하는 편이 그나마 낫다.

젊은것들형 또라이

WANTED

요즘
실체
없는 것에
분노하는
사람이
늘었다.

텅텅

이런
늙은이들!

◆◆◆

젊기 때문에
폭발하는 상상력.

이 세상에는 예전부터 서로 물어뜯어야 한다고 법률로 정해져 있다고밖에 생각할 수 없는 관계성이 있다. 시어머니와 며느리의 관계가 그 대표적인 예다. 이 관계성만 없다면 아들을 둔 평범한 아줌마와 장래에 아줌마가 될 여자는 환하게 웃으면서 인사하고 수다를 떠는 사이가 될 수도 있었을 것이다. 하지만 장래의 아줌마가 현재의 아줌마 배 속에서 나온 남자를 사랑해버렸다는 이유로 이들은 고부 관계라는 철조망에 갇히는 신세에 놓인다. 며느리라는 포지션만으로 모든 행동이 탐탁지 않게 보이고, 시어머니가 하는 말이라면 죄다 잔소리로 들리는 것이 고부 관계라는 필터다.

이와 마찬가지로 인류가 멸종할 때까지 서로 "뭐가 마음에 안 드는데?" 하며 시비를 걸고 끊임없이 싸우는 관계성이 있다. 바로 '요즘 젊은것들'과 '진상 늙은이들'이다. 이들은 고부 관계보다 훨씬 갈피를 잡기 힘든 관계성을 지니고 있다.

고부 갈등은 구체적인 개인을 마음에 들어 하지 않는 것이다. 다시 말해, 아무리 시어머니라는 신분을 가지고 있어도 남의 아들과 결혼한 며느리에게까지 잔소리를 하진 않는다. 그런데 젊은것들과 늙은이들은 그저 젊다는 이유로, 그저 나이 들었다는 이유로, 혹은 그냥 마음에 안 든다는 이유로 정체불명의 대상에게 진심으로 짜증을 내는 상상력이 풍부한 유형이다.

이렇게 헛것을 미워하는 데 여념이 없는 젊은것들이 이번에 소개할 또라이다.

젊은것들형 또라이
'젊은 사람들(자신 포함)은 착취당하고 있다'는 피해망상에 사로잡혀 있지만, 중년 세대들의 눈으로 보면 '좋은 시절에 태어나서 잘 먹고 잘 사는 주제에!'라고 타박하고 싶어지는 또라이.

앞에서 말한 대로 이런 또라이의 장점은 풍부한 상상력을 가지고 있다는 것이다. 이들은 '우리를 착취하면서 꿀 빨고 있는 늙은이들이 문제야!'라는 식의 유니콘이나 산타클로스 같은 판타지를 진심으로 믿고 있다. 이렇게 젊은것들형 또라이들은 상상력과 순수함을 겸비하고 있으므로 예술 관련 일에 종사하는 게 적합할지도 모른다. 예술가들은 피해망상이 심하더라도 예술가의 풍부한 상상력이라는 미명 아래 허용되는 면이 분명히 있지 않은가.

조심해야 할 것은 유니콘이나 산타클로스 같은 상상 속의 존재와 달리 돼먹지 못한 요즘 젊은것들이나 젊은 사람들을 착취하는 늙은이들은 우리 주변에 실제로 존재한다는 사실이다.

일단 젊은것들형 또라이를 꿈꾼다면 실존하는 것에 분노하면 안 된다. 가령, 회사에 낙하산으로 들어온 늙다리 상사가 있다고 해보자. 하는 일도 없이 급여를 두 배나 더 받아먹는다면 당연히 화가 날 것이다. 이는 정당한 분노이며 결코 또라이 같은 행동이라 할 수 없다. 젊은것들형 또라이는 구체적인 늙다리 낙하산 상사의 에피소드를 듣고는 결과적으로 세상의 모든 늙은이들이 못됐다는 식으로 매도한다. 그래서 한 가지 사례만 가지고 '우리는 늙은이들에게 착취당하고 있다!'와 같은 내용을 SNS에 함부로 올려버린다. 이때 늙은이에 대한 구체적인 정의는 내리지 않는다. 막연하게 늙은 꼰대를 비난하거나 의미를 확장시켜 기성세대 전체를 비난하는 것이다.

젊은것들형 또라이가 되고자 한다면 거대하고 막연한 대상을 지칭하는 데 일인자가 돼야 한다. 즉, 한 명의 진상 노인에 관한 이야기를 듣고 65세 이상의 모든 노인에게서 선거권을 박탈해야 한다고 주장하는 식의 빈대 잡으려다 초가삼간 태우는 정신이 필요한 것이다. 그 한 명의 진상 노인을 본인의 눈으로 직접 보지 않아야 한다는 조건도 필수다. 이들은 인터넷에서 떠도는 자작이 분명한 진상 노인의 에피소드를 사실로 믿어버린다. 그래서 젊은것들형 또라이를 순수하다고 하는 것이다.

그들의 적은 나이 든 사람뿐만이 아니다. 젊은것들형 또라이는 어떤 여자의 어리석은 행동을 보고 '역시 여자는 남자가 관리해줘야 해.'라고 생각하거나, 성범죄자에 관한 이야기가 타임 라인에 올라오면 '남자들을 싹 다 거세해버려!'라고 거침없이 댓글을 단다. 이 유형의 또라이가 되려면 한 가지 작은 사건을 모두에게 적용해버리는 아주 관대한 마음이 필요하다.

작은 것을 부풀리는 마음은 이상한 데서 발휘되기도 한다. 예를 들어, 좋은 노래를 들으면 이토록 훌륭한 노래를 만들거나 부르는 연예인을 성인군자나 신처럼 떠받들고 이들은 화장실도 안 갈 거라며 숭고한 존재로서 우러러보는 경향이 있다. 그런데 이런 신 같은 존재가 불륜을 저지르거나 화장실에 가는 모습을 목격하면 제멋대로 배신당했다고 느끼는 게 젊은것들형 또라이의 함정이다.

젊은것들형 또라이는 망상의 스케일이 거대하고 대범하다. 망상의 스케일을 적당히 넓히면 '젊은 사람이든 늙은 사람이든, 남자든 여자든 모두 똑같다, 똥 맛 카레든 카레 맛 똥이든 모두 똑같다'는 식의 편견 없는 사람이 될지도 모른다. 안타깝게도 망상의 스케일이 확장되다가 최악의 지점에서 멈춰버린 사람들이 바로 젊은것들형 또라이다.

막연하고 거대한 것에 분노하는 젊은것들형 또라이 사고에 빠진다는 건 어떤 의미에서는 복 받은 일일지도 모른다. 시어머니와 며느리처럼 구체적인 존재에 현실적으로 분노할 때는 막연한 판타지에 분노할 여유가 없다. 마음이 편안하고 한가로우니까 존재하지도 않는 판타지에 분노할 여유가 생겨나는 것이다. 어찌 보면 유유자적한 생활을 하는 아주 부러운 사람들이다.

　요컨대 커다란 고뇌와 분노를 품고 있는 듯 보여도 사실 내면은 텅텅 비어 있는 것이 바로 젊은것들형 또라이다.

"우리를 착취하면서 꿀 빨고 있는 붉은이들이 문제야!"

2군형 또라이

WANTED

위아래가
있어야
성립하는
존재

1군

3군

불가촉천민

**학창 시절의 기억이
묘하게 희미하다.**

학창 시절을 돌이켜보면 학교에도 엄연히 계급이란 게 존재했다. 당신은 어느 계급 소속이었는가?

어쩌면 또라이로서 가장 빛나는 계급은 의외로 가장 밑에 깔린 계급일 수 있다. 세상에는 낮으면 낮을수록 각광받는 분야가 있다. 그 대표 격이 바로 아싸(아웃사이더) 분야다. 아싸 세계에서는 인싸(인사이더)가 아닐수록 더 훌륭한 사람으로 평가받기 때문이다. 아싸계에서는 학창 시절에 한순간이라도 이성 친구가 있었다면 무시당하기 십상이다. 남녀 공학을 다니면서 이성과 이야기해본 횟수가 0에 수렴해야만 겨우 아싸계 링에 오를 수 있는 자격이 생긴다.

어쩌면 학창 시절에 아싸였다는 요소마저도 아싸계에서는 유리하지 않을지도 모른다. 이미 어느 계급에 속했었다는 사실 자체가 아싸가 아니라는 증거로 받아들여질 수 있기 때문이다. 진정한 아싸에게 있어서 "학창 시절에 인싸는 아니었어."라는 무용담은 예전에 꽤 놀았다는 자랑질에 지나지 않는다. 게다가 아싸 밑에는 또 다른 계급이 존재한다. 분명히 같은 반이지만 아무도 생존 여부를 알아차리지 못하는 불가촉천민 계급이 그들이다. 불가촉천민이야말로 아싸 중의 아싸라고 할 수 있다.

한편, 인싸도 아니고 아싸도 아닌 그 어느 곳에도 속하지 않는 어중간한 중간 계층도 있다. 이번에 소개할 또라이는 이렇게 어중간한 2군형 또라이다.

과연 학창 시절의 1군들이 아래 계급의 아싸들을 경시하
고 따돌리고 눈엣가시처럼 생각할까? 사실상 1군들은 아
싸 따위 안중에도 없다. 학급 내에서의 갈등은 인싸와 아싸
의 갈등이 아니라 인싸끼리의 치열한 갈등인 경우가 대부
분이지 않은가.

아싸도 아싸대로 독자적인 세계를 구축하고 그 안에 틀어
박혀서 인싸들이 무슨 일을 하든 신경도 쓰지 않는다. 아싸
들은 타인에 대한 흥미가 압도적으로 결여되어 있어 소통
장애를 보이는 경우가 많다.

그런데 인싸와 아싸 사이에 낀 이도 저도 아닌 2군은 위
아래를 너무 의식한다. 바로 위의 1군을 은근히 시기하고,
바로 아래의 3군을 은근히 무시하는 거다. 정작 1군과 3군
은 서로에게 관심조차 없는데 말이다.

이 어중간한 2군은 성실형 또라이의 주요 서식지이기도 하다. 교사는 눈에 확 띄는 불량 학생 아니면, 얌전하지만 언제 사고를 칠지 모를 위험인물을 주의 깊게 살펴보기 마련이다. 상대적으로 어중간한 2군은 어른의 눈에 손이 많이 안 가고 해롭지 않은 아이로 비치기에, 어떤 의미에서는 교사에게 가장 호감을 주며 성실하다고 평가받는 계층이다. 하지만 자세히 살펴보면 어중간한 2군은 아무도 감시하는 사람이 없어서 주어진 일을 대충 하고 넘어가버리기도 한다. 어차피 1군과 3군에서 굵직굵직한 사건들이 팡팡 터지고 있으니 어중간한 2군이 화장실에서 몰래 뿜어대는 담배 연기 따위는 관심의 대상 축에 끼지도 못한다.

2군은 다른 그룹보다 내부 관계성이 취약하다. 이 어중간한 2군은 위아래 계층이 존재하는 덕분에 겨우 균형을 유지한다. 3군을 무시하고 1군을 험담하면서 단결을 강화하는 게 2군이므로 만약 위아래 계층이 없다면 2군은 소리 소문 없이 소멸해버릴 것이다. 아니면 2군 내에서 무시할 상대와 험담할 상대를 새롭게 만들어내려는 내란이 벌어질 수도 있다. 이는 회사에서 절대 악으로 여겨지던 꼰대 상사가 퇴직하면서 세계 평화가 찾아왔나 싶더니 그 빈자리에 새로운 마왕 상사가 올라서는 것과 같다.

하지만 과연 2군들에게 악마가 없는 상태가 평화로운 상태라 할 수 있을까? 어쩌면 모두가 일치단결해서 미워해야 할 대상이 있어야만 평화를 유지할 수 있지 않을까? 즉, 2군의 평화는 위아래 계층이 반드시 존재하고, 이들이 최대한 화려하고 폭발적으로 활동해야만 비로소 성립한다.

위아래 계층의 힘이 약해지면 2군은 상대적으로 주목을 받을 수밖에 없다. 성실하다고 여겨지던 2군이 관심을 받다 보면 지금까지 보여줬던 성실함이 눈속임이었다는 게 들통나는 건 시간문제다. 2군이 성실형 또라이로 불리기 시작한다면 그 2군은 이미 폭망한 거나 다름없다. 성실한 인간인 줄 알았는데 갑자기 또라이가 돼버렸으니 대반전 아닌가.

주변에 크게 해를 끼치지 않는 것 또한 2군형 또라이의 특징이다. 그렇다고 이들이 좋은 일을 한다는 말은 아니다.

2군은 아싸를 무시하고 인싸를 험담하는 것으로 점철된 학창 시절을 보낸 탓에 "학창 시절에 어땠어?"와 같은 자기 자신에 대한 질문을 받으면 가장 할 말이 없는 계층이기도 하다. 학창 시절의 기억이 묘하게 희미하다면 2군형 또라이일 가능성이 크다.

또라이 프로파일 7

지식인형 또라이

**남의 의견을
철저히 무시한다.**

자, 곧바로 다음 또라이를 등장시켜볼까? 유형만 다르지 어차피 다 같은 또라이들이니까 말을 아낄 필요가 없다.

지식인형 또라이

먼저 나서서 상대방의 의견을 물어봐놓고 그 의견이 마음에 들지 않으면 은근히 반론을 펼치고 결국 자신이 원하는 의견만 받아들이는 또라이.

지식인형 또라이는 누구나 한 번쯤 당해본 적이 있는 유형일 것이다. 이런 또라이 짓을 직접 해본 사람 또한 의외로 많다(말하지 않아도 안다).

우리는 왜 경청할 마음도 없는 조언을 요청하는 걸까? 원래 고민 상담은 상대방에게 원하는 바가 구체적으로 있을 때 말고는 무의미한 것이다. 돈을 빌려달라거나, 자기 대신 감방에 가달라거나, 관계를 질질 끌다가 마흔 살 언저리가 돼버린 불륜 상대에게 이제 그만 꺼져달라고 말하거나…… 그나마 구체적인 상담의 경우 얼마를 빌려주길 원하는지, 출소 후에 조폭 간부 자리 정도는 마련해줄 수 있는지, 30대 후반인지 아니면 40대 초반인지 등에 따라 잠시 고민해보고 답을 줄 수 있긴 하다.

상담이라는 건 대체로 자신의 상황을 장황하게 늘어놓은 뒤에 "내가 어떻게 했으면 좋겠어?"라고 묻는 것이다. "어떻게 했으면 좋겠어?"는 식당에서 흔히 들을 수 있는 "아무거나 시켜."라는 말과 함께 법으로 금지해야 하는 애매한 말이다. 온화한 표정과 사랑스러운 웃음으로 다정하게 말하는 사람일수록 그 웃음 뒤에 거대하고 확고한 자신만의 대답을 이미 품고 있는 법이다.

스스로 결론을 내버린 이야기를 상담해달라고 하는 지식인형 또라이에는 두 부류가 있다. 확고한 자신의 의견을 금방 드러내는 사람과 그렇지 않은 사람이 그것이다.

자신의 의견을 드러내지 않는 또라이는 일단 상대방에게 의견을 물어본다. 그리고 그 의견이 자신의 정답과 합치될 때까지 음료수에 빨대를 담그고 보글보글 거품을 생성하면서 언제까지고 다른 대답을 해보라고 요구한다. 자리에 앉는 순간 상담이라는 이름 아래 '내가 생각하는 답을 맞힐 때까지 상대방을 돌려보내지 않는 게임' 1라운드가 시작되는 셈이다. 어차피 정답이 하나밖에 없으니 난도가 높고 쉽게 끝나지 않아서 애꿎은 음료만 몇 번이고 리필하게 된다. 더구나 그 또라이의 마음을 맞혔다고 해서 어떤 보상이 나오는 것도 아니며 "역시 너도 그렇게 생각하는구나." 하는 반응으로 퀴즈 쇼는 막을 내린다. 이 퀴즈 쇼에서 정답을 얼른 맞히지 못하면 정신적 후유증이 만만치 않다.

반면에 처음부터 '나는 ~하고 싶다'고 정답부터 말하는 유형도 있다. 또라이가 마음속에 품은 정답에 애초에 관심 없는 상대방이라면 시부모님 댁의 가구를 고르는 데 억지로 끌려 나온 며느리처럼 "그럼 그렇게 하면 되겠네." 하고 아무래도 상관없다는 식의 시큰둥한 표정으로 맞장구치고는 텐트를 치자마자 곧바로 걷는 듯한 말투로 얼른 대화를 마무리하려고 할 것이다. 하지만 상대방이 성실한 타입일수록 또라이의 생각에 뭐라도 의견을 줘야 한다는 의무감을 느끼기 마련이다. 안타깝게도 지식인형 또라이는 상대의 의견을 들을 생각이 추호도 없다. 상대방의 의견을 들은 지식인형 또라이의 반응은 대개 분노, 좋게 말해 놀라움뿐이다.

왜 이미 마음속에서 정답을 결정한 사항을 굳이 남에게 들려주려는 걸까? 그건 상대방이 그 정답에 완전히 동의해 주길 바라기 때문이다. 그저 자신을 편들어줄 역할로서 상대방을 간택한 것이기 때문에 상대방이 다른 의견을 꺼내면 '감히 네가 내 의견에 반박해?' 하며 놀라고 화내는 게 당연하다. 즉, 이들은 자신의 결론이 가장 훌륭하다고 생각하지만 일단 보험을 든다는 심정으로 다른 사람의 동의도 얻고 싶어 한다. 따라서 자신의 정답을 더욱 확고하게 해주는 수단으로 부른 상대방이 다른 의견을 제시하면 상대방에게 발목을 잡힌 듯한 심정이 되는 것이다. 자신의 앞길을 방해하는 사람에게는 버럭 화를 낼 수밖에 없지 않은가.

지식인형 또라이에게 상담이라는 것은 '네'를 누르지 않으면 앞으로 나아가지 못하는 RPG 게임의 세계관과 같다. 그러므로 재빨리 '네'를 클릭하듯 어떤 질문에든 빠른 속도로 고개를 끄덕이고 쭉쭉 전진하지 않으면 상담은 영원히 끝나지 않는다.

앞서 소개한 두 부류 중 어디에도 속하지 않는 지식인형 또라이도 있다. 내 의견도 없고 그렇다고 딱히 남의 조언을 들을 마음도 없이 그저 푸념만 늘어놓는 게 목적인 또라이다. 이들은 애초에 결론을 내릴 마음이 없다. 자신의 하소연을 들어주는 상대방에게 고급 레스토랑에서 비싼 음식을 사줘도 모자랄 판에 동네 분식집에서 그나마도 더치페이로 때우려는 뻔뻔한 수작까지 부린다. 이들에게는 아무리 현실적인 조언을 해줘도 "그건 안 돼. 못해. 잇츠 임파서블. 톰 크루즈라면 모를까." 하며 부정적인 반응만 늘어놓는다. 그 와중에 상대방에게 계속 긍정적인 이야기를 해달라고 조르니 완전히 사람 바보 만드는 거 아니고 뭔가. 그러다 결국 "그런 일을 내가 할 수 있겠냐고. 넌 날 정말 모르는구나." 하며 화를 내고 상대방을 원망한다. 이런 반응을 참아줘야 하는 상대방 또한 암담하고 피폐한 나락으로 함께 떨어질 때까지 어두운 표정으로 고개를 끄덕여줄 수밖에 달리 방법이 없다.

지식인형 또라이에게 불려 나가면 시간 낭비는 기본이요, 카페에서 음료에 빠져 익사할 각오까지 품어야 한다.

한편, 세상에는 지식인형 또라이를 유흥거리로 삼는 포식자가 있다. 그들의 주요 업무는 지식인형 또라이의 하찮은 고민이 스펙터클하게 전개되도록 부추기는 것이다. 그래서 지식인형 또라이가 아무 말 대잔치를 펼쳐도 그의 의견에 적극 동조하며 더 많은 이야기를 뱉어내라고 꼬드긴다. 만약 아무 대가 없이 자신의 고민을 선뜻 들어주려는 사람이 있다면 혹시 상대방의 놀림감이 되어 조롱당하는 건 아닌지 의심해볼 필요가 있다.

"감히 네가 내 의견에 반박 해?"

와
세
다
형

또
라
이

의식조차
하지 않겠다는
태도.

여러 마디 할 필요 없이 죄다 또라이니까 얼른 다음 또라이를 등장시키겠다.

와세다형 또라이
굳이 도쿄대를 들먹이며 학벌에 자부심을 드러내는 와세다대 학생처럼 그 분야의 일인자가 아닌데도 여러모로 자랑을 쏟아놓는 또라이.

일단 와세다대 출신인 사람들에게는 죽도록 실례가 될 수 있겠지만 어디까지나 하나의 예로 간주하고 양해해주길 바란다(편집자가 생각해낸 아이디어이니까 나한테 뭐라 하지 말고).

물론 와세다 대학교도 웬만한 노력으로는 입학하기 힘든 명문 학교다. 와세다대 학생이 또라이라면 나 같은 건 사회악일 뿐만 아니라 처리하는 데 비용까지 발생하는 산업 폐기물에 지나지 않으리라.

나 같은 인간의 눈에는 도쿄대든 와세다대든 똑같은 명문대로 보이지만 정작 와세다 대학교에 다니는 사람의 입장에서는 꼭 그렇지만도 않은 듯하다. 유명한 대학을 나왔어도 도쿄 대학교에 들어가지 못했다는 사실이 콤플렉스로 남아서 도쿄대 출신자만 보면 도쿄대 졸업생이 이 정도도 못하냐면서 꼬치꼬치 트집을 잡는 사람들이 어디에나 꼭 있다. 타고난 돌머리에게는 도쿄대나 와세다대나 다 같은 좋은 대학교이지만, 공부 잘하는 그룹의 사람들이 보기에는 큰 차이가 있고 이 둘을 동급으로 취급하면 불같이 화를 낼 수도 있다.

질투심은 자신과 비슷한 수준의 사람을 상대로 생겨난다. 나처럼 삼류 대학에 겨우 입학한 인간이 도쿄대 졸업생을 맞닥뜨리면 너무나 까마득한 격차로 인해 질투심은커녕 신비로운 존재라도 목격한 듯 입을 떡 벌린 채 "대단해!" 하며 하염없이 감탄을 연발했을 것이다.

나이가 비슷하다거나, 성별이 같다거나, 엄마가 같은 피트니스 클럽에 다닌다거나 하는 등의 공통점이 늘어날수록 서로를 더욱 의식하고 시기심도 커진다. 어떤 상황에서도 나 같은 삼류 대학 출신은 도쿄대를 상대로 질투심을 느끼지 않지만.

특히 나는 연예인에게 질투심 자체가 일어나지 않는다. 평생 단 한 번도 노래, 연기, 하물며 외모로 그들과 겨뤄보자고 생각한 적이 전혀 없기 때문이다. 하지만 나와 같은 직종인 만화가를 상대로는 강한 질투를 느낄 때가 종종 있다. 질투심에 불타올라 만화를 읽는 목적이 그 만화의 흠을 찾는 데 쏠리게 되니 내용이 재미없어지고 결국 끝까지 읽지 않은 것도 꽤 된다. 만화 보는 게 좋아서 만화가가 됐는데 이 얼마나 슬프고 모순된 운명의 장난인가. 자신이 좋아하는 분야 혹은 어렸을 때부터 잘한다고 칭찬받은 분야에서 서서히 1등을 놓치기 시작하면 질투심이 자라나고 1등을 디스하기 시작한다. 이런 의미에서 좋아하는 일을 직업으로 삼는 것은 심사숙고해야 할 일이다.

예전에 1등이었던 분야에서 더 이상 1등이 되지 못하는 이들이 와세다형 또라이다. 이들은 유형도 여러 가지다.

일단 가장 이해하기 쉬운 유형이 앞서 말한 대로 1등을 디스하는 것이다. "도쿄대 출신은 다들 공부만 해서 그런가 사회성이 떨어져." 같은 말도 안 되는 트집을 잡아 도쿄대 학생들을 헐뜯는다. 그리고 "사실 도쿄대 별거 아니지 않나?" 하며 자신을 달래기도 한다. 또한 실속이라는 측면에서 싸움을 걸기도 한다. 예를 들어, 점수나 수치상으로는 도쿄 대학교가 앞설지도 모르지만 사회에서는 도쿄대 졸업이라는 학벌이 직접적인 도움이 되지 않는 경우가 많으니 실속을 따져보면 와세다 대학교가 더 낫다고 위안하는 것이다. 물론 이는 비싼 요금제를 사용하면 보조금이 나오니까 실질적으로 공짜 폰이나 다름없다는 터무니없는 논리와 다를 바 없다.

이들은 '넘버 원'이 될 수 없다고 깨닫는 순간 '온리 원'을 지향하는 역사상 유례없는 특수 작전을 펼친다. 1등을 차지하는 것에서 아무도 한 적 없는 일을 해내는 것으로 막연하게 목표를 변경하는 작전이다. 이외에도 "요즘 같은 세상에 도쿄대에 들어가는 애들은 좀 고지식한 거 아닌가? 난 정보화 사회에서 뒤처지지 않으려고 도쿄대를 안 갔어."라는 식으로 일부러 와세다 대학교를 선택한 것처럼 포장하기도 한다. 그래도 안 된다면 최후의 수단으로 "내 알 바 아니거든요."를 시전한다. 내 경우에는 "《원피스》 재미있지?" "《진격의 거인》 완전 대단하지 않아?" 같은 말을 듣고 질투심에 사로잡혀 "그딴 거 난 발로도 그릴 수 있어."라고 대답하는 기술을 선보인다.

'그딴 거, 내 알 바 아니다, 흥미 없다'는 패배를 인정하려들지 않는 방패다. '애초에 나 같은 사람은 그딴 거 관심도 없고 흥미도 없으니까 굳이 맞붙어 싸울 필요 없어. 그러니 나는 싸우지 않고도 이긴 거나 마찬가지야.'라는 어처구니없는 논리인 것이다. 또한 나같이 잘난 사람이 모를 정도면 그건 이미 하찮은 것이라는 논리도 숨어 있다. 그래서 진정한 와세다형 또라이는 "도쿄대? 어디 있는 대학이야?" 혹은 "뭐? 잘 못 들었어. 도립대?" 하는 식으로 짐짓 모른 체하는 태도를 취하기도 한다.

사람은 뭔가를 너무 과하게 의식하면 반대로 무시하는 행동을 취한다. 하지만 이런 사람을 유심히 살펴보면 곁눈질로 주변을 엄청나게 의식하고 있다는 사실을 금세 알아차릴 수 있다.

무
해
형

또
라
이

✦✦✦

내 세상에서
상식은
통용되지 않는다.

이번에 나오는 또라이는 어떤 유형일까? 두구두구두구 기대하시라.

무해형 또라이
남에게 피해만 끼치지 않는다면 무슨 짓을 해도 상관없다고 생각하는 또라이. 이게 뭐가 또라이냐고 하겠지만 알게 모르게 피해를 끼친다는 점이 함정이다.

이 또라이는 처음에 편집자의 제안으로 '전직 권투 선수형 또라이'라고 명명했었다. 그런데 요즘 같은 시대에 다소 차별적인 명칭이라 생각한 내가 임의로 이름을 바꿨다. 나는 남의 말을 고분고분 따라주는 성격이 아니기 때문이다. 바로 앞에서 소개한 와세다형 또라이도 편집자가 제안한 명칭이다. 이렇게 특정 대상에 엄청난 편견을 담은 명칭을 붙이는 걸 보니 아마도 편집자는 권투 선수에게 여자를 뺏기고 와세다대 졸업생에게 사기를 당해서 악감정이 있나 보다. 이게 사실이라면 뭐 내가 이해해주는 수밖에 없겠다.

남에게 피해를 끼치지 않는다는 것은 인간관계에서 분명히 지켜야 할 경계선이자 최후의 방어선이라고 할 수 있다. 많은 사람들이 자신과 다른 성적 취향을 지닌 사람을 가리켜 별생각 없이 변태라고 부르며 마치 범죄자인 양 취급한다. 하지만 법에 저촉되지 않고 남에게 피해를 끼치지 않는 다면 개인적인 성향으로서 받아들여야 한다. 남자가 여장하고 바깥을 돌아다니더라도 불법적인 노출을 하지 않고 타인에게 위해를 가하지 않는다면 엄연히 합법이고 변태가 아니지 않은가. 그 모습을 보고 불쾌해지거나 공포스러워하는 사람이 있는 한 풍기 문란죄가 성립된다는 의견도 있을 수 있지만, 개인의 감정 하나하나까지 고려해야 한다면 내가 민낯으로 외출하는 것도 일종의 변태 행위가 될 수 있을뿐더러 티셔츠 위로 젖꼭지가 비치는 아저씨는 더 말할 나위도 없을 것이다.

여장을 하고 여자 화장실에 침입하거나 여장을 위해 여자 옷을 훔치는 것은 범죄 행위이니 당연히 안 된다. 하지만 남에게 직접적인 피해를 가하지 않는다면 타인이 나서서 이러쿵저러쿵 참견할 일은 아니다. 문제는 무해형 또라이가 남에게 피해를 끼치지 않는다고 하면서도 그 남에게 피해를 끼치지 않는 기준선을 자기 멋대로 너무 낮게 설정한다는 사실이다. 이들의 기준은 내가 졸업한 삼류 대학의 입학 커트라인에도 훨씬 못 미친다.

성범죄자가 경찰 조사를 받으면서 여자와 동의하에 성관계를 가졌다고 우기는 이유도 마찬가지다. 성범죄자의 세계에서는 여자가 성관계에 동의했다고 인정할 수 있는 기준선이 '데이트에 응했기 때문, 치마를 입었기 때문'이라는 식으로 너무 낮다. 평범한 지구인의 기준으로 이런 또라이 성범죄자를 만나면 막대한 피해를 입는다. 하지만 성범죄자의 기준으로는 치마를 입고 데이트하러 나온 여자와 약간 강압적으로 성관계하는 것은 남에게 피해를 끼칠 정도가 아니니 무슨 말을 해도 통하지 않는다. 즉, 이 또라이의 세계에서는 상식이 통하지 않는다. 오히려 자기는 억울하다는 듯 순진한 표정을 들이밀 것이다. 이런 인간은 다른 문화 속에서 살고 있다는 표현으로는 너무 약하고, 아예 사는 별이 다르다고 말해야 한다.

무해형 또라이가 남에게 피해를 끼쳤다고 말하는 경우는 자신의 눈에 그 피해가 보이는 경우뿐이다. 자기가 던진 돌이 우연히 남을 맞혔는데 시야가 좁거나 시력이 약해서 돌 맞고 피를 흘리는 피해자를 보지 못했다면 무해형 또라이의 기준에서는 남에게 피해를 끼친 것이 아니다. 또한 이들은 간접적인 피해를 피해로 인정하지 않는다. 그러니 이들은 아동 포르노를 소지하는 일이 남에게 직접적으로 피해를 끼치지 않는 행위인데 도대체 왜 나쁜지 이해하지 못한다. 아동 포르노를 소지하려는 수요가 또 다른 아동 포르노 피해자를 낳는다는 사실을 이해하지 못하고 이해하려 들지도 않는다.

한편, 남에게 피해만 끼치지 않는다면 무슨 짓을 해도 상관없다는 무해형 또라이의 말에서 어떤 이유에서인지 '남'에 가족은 포함되지 않는다. 그러니 가족에게는 얼마든지 피해를 끼쳐도 괜찮다고 생각한다. 자신의 도박 빚을 부모에게 떠넘기고, 할아버지의 대머리를 축구공이라고 놀리면서도 "남에게 피해만 안 끼치면 되지."라고 말하는 쓰레기인 것이다. 안타깝게도 이 인간 쓰레기의 가족 역시 스스로를 '남'에 포함시키지 않으려고 한다. "법만 어기지 않으면 돼. 그래도 가족인데 우리라도 받아줘야지."라면서. 아무리 극악무도한 인간 쓰레기라도 혈육이니 감싸주는 건가? 이렇게 가족이 무해형 또라이의 망나니 짓을 하나둘씩 받아주다 보면 아무리 부처님 같은 가족이라도 참다 참다 더 이상 감당하지 못해 한순간에 폭발하는 때가 찾아온다. 이 지경에 이르면 한적한 주택가에서 존속 살인 사건이 벌어지기도 하는 것이다.

"내가 말을 험하게 하긴 하는데 너한테 피해를 주는 것도 아니고…… 악의는 없어."라고 말하는 무해형 또라이도 있다. 자신만의 기준으로 자신의 부정적인 면을 좋게 포장하려는 유형이 그것이다. 이들은 '나는 바뀔 생각 없으니까 네가 나의 그런 부분에 적응해라.'라고 강요한다. 악의가 없다거나 피해를 주려는 게 아니라는 말 역시 자신만의 우주에서만 통용되는 기준에 따른 것이다.

기르던 반려동물이 귀찮아졌다고 집에서 멀리 떨어진 길가에 버리거나 임신했다는 애인의 말을 듣고 버럭 화를 내며 낙태하라고 소리치더라도, 무해형 또라이의 기준으로는 남에게 피해를 주지 않는 악의 없는 행동일 뿐이다. 더 나아가 자신과 잘 지내려면 이 정도 행동쯤은 당연히 받아줘야 한다는 당당함까지 품고 있다.

"남에게 피해만 끼치지 않는다면 무슨 짓을 해도 상관없어."라고 선언하는 사람이 있다면, 남에게 피해를 끼치지 않는다는 말보다 무슨 짓을 해도 상관없다는 말을 더 무게감 있게 들어야 한다. 이런 말을 아무렇지 않게 하는 사람은 무해형 또라이일 가능성이 농후하니 일찌감치 멀리해라.

"내가 말을 험하게 하긴 하는데
너한테 피해를 주는 것도 아니고……. 악의는 없어."

바꿔치기형 또라이

✦✦✦

**긍정적인 측면도
없잖아 있다.**

이번에 만나볼 스페셜 게스트는 바꿔치기형 또라이다.

바꿔치기형 또라이
아내에게 끊임없이 정신적 학대를 가함으로써 아내의 정신을 피폐하게 만들면서 "그래도 나는 바람은 안 피우니까."라고 딴 이야기를 꺼내며 논점을 흐리는 또라이.

바꿔치기형 또라이는 매우 까다롭다. 제3자의 눈으로 보면 '저런 허술한 논리가 통한다고?' 하고 생각하겠지만, 정작 피해자는 정신적 학대로 피폐해지고 남편의 도박 빚으로 힘들어하면서도 '적어도 나를 때리지는 않으니까' 또는 '적어도 바람은 피우지 않으니까'와 같은 이유로 이혼에 적극적으로 나서지 못한다.

바꿔치기형 또라이는 자신이 일으킨 문제에 대해 육체적 폭력을 가하진 않는다. 다만 적어도 바람은 피우지 않는다는 식의 최후의 보루로 바꿔치기해서 상대방을 납득시키는 기술을 사용한다. 이는 《나루토》에서도 고급 닌자 기술에 속하는 매미 허물 기술[+]이라고 할 수 있다.

[+] 자신을 다른 뭔가로 바꿔치기해서 상대방을 혼동시키는 닌자 기술. 자신의 잔상을 남기는 기술과는 약간 다르다.

"네 여자 친구랑 바람을 피웠지만 갈 데까지 가진 않았어."라는 식으로 도저히 이해하지 못할 허술한 바꿔치기를 하는 초짜도 물론 있다. 그런데 클래스가 높아지면 '네 여자 친구랑 바람을 피웠지만 갈 데까지 가지는 않았어. → 갈 데까지 가지 않은 난 매너남이야. → 이런 매너 좋은 날 비난하는 네가 나쁜 놈이지.' 식으로 웨더스 오리지널 할아버지[++] 같은 자신감 넘치는 삼단 논법으로 마치 상대방이 나쁜 것처럼 바꿔치기하는 고수도 있다. 바꿔치기 고수를 만나면 항상 그 상대가 나쁜 놈 역할을 맡게 되니 두 눈 멀쩡하게 뜨고 당하는 상대방 입장에서는 울화통 터지는 노릇이 아닐 수 없다.

하지만 우리는 상대방이 바꿔치기 기술을 사용하지 않았음에도 불구하고 스스로 자신의 뇌에 바꿔치기 기술을 걸어 문제를 무마시킬 때가 있다. 예를 들어, 직장에 왠지 껄끄러운 사람이 있다고 치자. 그럴 때 우리는 속으로 '저 자식 어디 아파서 회사 안 나오면 안 되나?'라고 악담을 퍼붓기도 한다. 하지만 이내 '하는 짓이 좀 그래도 사람은 나쁘지 않아.' 혹은 '전에 커피도 한 잔 샀는데.' 하며 그 사람의

[++] 웨더스 오리지널 사탕 광고에 등장하는 할아버지. 손자에게 맛있는 사탕을 주는 자신을 특별한 존재라고 확신하는 자기 긍정감이 높은 사람이다.

좋은 부분을 억지로라도 찾아내서 미워하는 마음을 진정시키려고 한다. 이 또한 미워하는 마음을 장점으로 상쇄시키려고 하는 일종의 바꿔치기 행위다.

최상급 바꿔치기형 또라이라면 스스로 바꿔치기하지 않아도 주변에서 알아서 바꿔치기를 해줌으로써 그 사람의 문제를 무마시켜준다. 이 정도 수준이면 바꿔치기 또라이계의 일인자로서 인정이다. 이런 또라이가 회사에 있으면 주변 동료들이 불행해진다. 왜냐하면 '저 인간은 또라이처럼 보이지만 본성이 악하진 않아.'라고 열심히 자기 암시를 거는 시간은 대체로 퇴근한 다음이거나 휴일이기 때문이다. 개인적인 자유 시간에 회사의 미운 놈을 떠올리는 일은 시간 낭비 그 이상도 이하도 아니다. 이런 생각을 할 틈이 있다면 차라리 1초라도 더 생산적인 일을 고민하는 게 낫다.

그러나 사람은 좋아하는 것보다 싫어하는 것에 더 신경 쓰기 마련이라 생각하지 않으려고 애써도 어느새 그 또라이를 떠올리게 된다. 그리고 한번 떠올려버리면 '저 또라이 마음에 안 들지만 저번에 여행 갔다 왔다며 기념품도 사온 걸 보면 막 나쁜 사람은 아닐지도……'라는 식으로 오락가락하는 데 귀중한 시간을 쓰고 만다. 이 또라이들은 충치처럼 잊어버리고 싶어도 잊혀지지 않는 존재(사랑하는 사람에게 어울릴 만한 낭만적 표현을 또라이에게 적용해도 뜻이 잘 통하다니 웃음이 난다)다.

하지만 바꿔치기 행위가 꼭 나쁘다고만은 할 수 없다. 살인은 했지만 방화는 하지 않았다고 부정적인 일을 또 다른 부정적인 일로 바꿔치기하는 것은 당연히 좋지 않다. 반면에 살은 잘랐지만 뼈까지는 자르지 않아 결국 생존했다고 부정적인 일을 단 한 가지 긍정적인 일로 바꿔치기해서 좋게 마무리 짓는 것은 평온한 심리 상태를 유지하는 데 필요한 행위다.

살아 있는 것만으로도 다행이라는 말은 반대로 말하면 살아 있다는 사실 말고는 전부 불행한 상태다. 즉, 세상의 모든 불행을 최소한 살아 있다는 단 한 가지 긍정적인 사실로 바꿔치기해서 다행이라고 느끼는 것이다. 요컨대 바꿔치기는 곧 긍정적 사고다.

자신의 패배를 선뜻 인정하지 않고 남에게 책임을 돌리거나 이런저런 핑계를 대면서 바득바득 이겨먹으려고 하는 것도 마찬가지다. 이것은 단순히 억지를 부리는 게 아니고 자신의 패배를 어떤 핑계로 바꿔치기해서 스스로를 납득시키려는 행위다. 스스로 납득하지 못하면 다음 행동으로 나아가기 힘드니 이럴 때 바꿔치기 기술은 커다란 역할을 하게 된다.

또한 바꿔치기는 질투심을 제어하는 데도 도움이 된다. 가령, 아이가 다니는 유치원에서 몸매 좋고 예쁜 엄마를 보고 질투심을 느꼈는데, 그 엄마가 데리고 있는 아이의 소매에 콧물이 덕지덕지 묻은 걸 발견하면 신기하게도 갑자기 질투심이 사라지고 마음이 누그러진다. 물론 내 아이의 소매가 깨끗하고 그 예쁜 엄마가 데리고 있는 아이의 소매가 지저분하다는 사실 하나만으로 내가 위너라고 선언할 순 없다. 하지만 질투심을 진정시켰다는 것만으로도 큰 의미가 있다. 바꿔치기로 그때그때 생겨나는 부정적인 마음을 달래지 못하면 쌓이고 쌓인 열등감이 어느 순간 대폭발을 일으킬 수 있으니 조심해야 한다.

다른 사람에게도 바꿔치기를 허용해줘야 한다. 시험에서 빵점을 받았지만 달리기에서 1등을 한 아이가 있다고 하자. 그러면 공부는 못하지만 적어도 달리기는 잘한다고 긍정적으로 바꿔치기를 해줘야 한다. 공부를 못한다는 문제에 파고들어 꾸짖기만 한다면 아이가 지닌 장점을 억누르는 결과만 나을 뿐이다.

"네 여자 친구랑 바람을 피웠지만 갈 데까지 가진 않았어."

전제형 또라이

**대량으로 발생하는
겸손 공격.**

대망의 또라이 시간이 다시 돌아왔다.

전제형 또라이

"내 남자 친구는 못생겼거든." 하고 처음부터 포석을 깔아서 나중에 벌어질 추궁을 최소한으로 만들려는 또라이.

전제형 또라이를 다른 말로 하면 선제공격형 또라이다. '드래곤 퀘스트'라는 게임으로 치면 내가 미처 방어를 준비하기도 전에 상대방의 선제공격을 받아 눈 깜짝할 사이에 방어력이 떨어지고 목숨이 끊어지는 상황과 같다.

선제공격의 방법에도 개성이 있다. 가장 먼저 '나는 원래 ○○한 사람이야' 유형을 살펴보자. 이 '○○한'에는 대체로 그 사람이 생각하는 단점이 들어간다. '나는 원래 말투가 험한 사람이야, 나는 원래 말수가 적은 사람이야' 같은 식으로 말이다. 처음부터 '○○한 사람'이라고 단정함으로써 자신의 본성을 일찌감치 규정하는 것이다. 여기에는 '나는 원래 ○○한 사람이니까 네가 너그럽게 잘 봐줘.'라는 뜻이 함축되어 있다. '나는 ○○한 사람이야' 선제공격을 받으면 그 사람의 단점을 어쩔 수 없는 본성으로 받아들여버리게 된다. "아, 그러시군요……." 하는 애매한 반응을 보이며 또라이의 단점을 허용하는 것이다.

이렇게 공격적인 선제공격형 또라이가 있는 반면에 방어적인 선제공격형 또라이도 있다. 전제형 또라이가 바로 여기에 해당한다. 특히 겸손을 미덕으로 보는 사회 분위기 속에서는 자기 평가의 수준을 낮게 잡으려는 경향이 크다. 그래서 자칭 미남/미녀보다 자칭 못난이, 자칭 뚱땡이, 자칭 고릴라인 사람이 훨씬 많다. 이 겸손의 말을 곧이곧대로 받아들이면 인구의 90퍼센트가 못난이거나 뚱땡이거나 고릴라라는 말이 된다. 하지만 현실적으로 길거리에 고릴라처럼 생긴 사람이 그렇게까지 많진 않다. 즉, 진심으로 본인이 못난이, 뚱땡이, 고릴라라고 생각해서 스스로를 그렇게 부르는 사람은 많지 않은 것이다.

그렇다면 왜 평범한 몸집에 평범한 키에 평범한 얼굴을 지닌 특징 없는 사람이 못난이, 뚱땡이, 나아가 아무리 영장류라 해도 강력한 비주얼의 '동물'인 고릴라로 자신을 속이는 걸까? 골치 아프게 깊이 생각하지 않고 그저 겸손이 좀 과한 것이려니 하면 그만일 수도 있다. 하지만 한편으로는 자신에 대한 평가를 너무 과하게 열심히 낮추려는 것으로밖에 보이지 않아 씁쓸하기도 하다.

전제형 또라이는 남에게 실망감을 주지 않으려고 자신에 대한 기대를 낮춤으로써 죽을힘을 다해 전제를 둔다. 이들은 다른 사람에게 실망감을 안기는 걸 죽는 것만큼 두려워

한다. 처음부터 못난이라고 자신에 대한 기대치를 낮춰두면 아무리 평범한 몸집에 평범한 키에 기억하기 힘든 평범한 얼굴이라도 '생각보다 못생기지 않았네' 혹은 운이 좋으면 '의외로 잘생겼네/예쁘네'라는 반응까지 얻어낼 수 있다.

하지만 생각해보라. 본인이 고릴라라고 속여놓고 막상 인간의 모습으로 상대방 앞에 나타나면 오히려 상대방을 실망시킬 수도 있다. 고릴라를 기대했는데 인간이 나타났으니 말이다. 기대치를 낮추려는 의도에서 고릴라까지 이용해먹는 건 상책이 아니다.

여하튼 전제형 또라이는 애초에 기대감이 별로 높지 않은 유형이다. 이런 인간이 남에게 '나에 대해 너무 기대하지 마!' 하면서 끊임없이 그리고 열심히 전제를 두는 모습은 조금 한심해 보이기도 한다. 애초에 기대하는 사람도 없는데? 일례로, 노래방에서 노래를 부르기 전에 꼭 "이 노래는 처음 불러보는 건데⋯⋯."라며 의미 불명의 전제를 끼워 넣는 사람들이 있다. 노래를 지독하게 못 부르면 손사래를 치면서 "연습이야, 연습." 하고 변명하는 사람들도 있다. 그렇게까지 전제를 두지 않아도 체육관을 관객으로 꽉 채운 콘서트 무대에서 노래를 부르는 게 아니라는 사실은 누구나 다 안다. 아무도 그 사람에게 노래를 잘 부를 것으로 기대하지 않는다. 이런 사람들을 보면 '그냥 입 다물고 노래나 처불러!'라고 소리치고 싶은 심정이다.

겸손이 지나쳐서 눈살을 찌푸리게 하는 전제형 또라이는 우리 주변에 수두룩하다. 왜냐하면 오늘날의 사회 분위기는 겸손이 미덕이라는 도덕률에 그치지 않고, 겸손하지 않고 나대거나 자신의 능력을 대놓고 뽐내는 사람은 밤길에 뒤통수를 얻어맞아도 싸다는 데까지 이르렀기 때문이다. 대단한 공적을 남긴 유명인도 언론에서 다소 건방진 태도를 보였다는 이유 하나만으로 가루가 되도록 까이는 일이 허다하다. 이런 사례를 자주 접하다 보면 살아남기 위해 비굴할 정도로 겸손해질 수밖에 없다.

방어적인 선제공격형은 문자 그대로 자신의 몸을 지키기 위한 것이니까 '나는 원래 ○○한 사람이야'라는 식의 공격적인 선제공격형보다야 덜 해롭다. 하지만 방어적인 선제공격형 중에서도 본인을 깎아내리는 게 아니라 남을 폄하하는 경우가 있다. 바로 '내 남자친구가 못생겨서……, 우리 와이프가 살이 쪄서……'처럼 자신을 지키기 위해 남을 방패로 삼는 또라이다. 이런 또라이 짓은 겉으로는 방어적인 것처럼 보이지만 실상은 전혀 그렇지 않다. 못생긴 남자친구나 살찐 와이프를 고른 사람은 다름 아닌 본인 아닌가. 이는 방어라기보다는 그냥 자폭이나 마찬가지다.

정 전제를 두고 싶다면 스스로를 깎아내리는 게 낫다. 다른 사람이 아닌 바로 자신이 못생기고, 뚱뚱하고, 고릴라 탈을 쓴 인간이라고 겸손을 부리는 게 그나마 매너 있는 또라이다.

≡3 "내 남자 친구는 못생겼거든."

바른말형 또라이

바른말이라도
폭언이라는 사실에는
변함이 없다.

자, 오늘도 기다리던 또라이의 시간이 돌아왔다.

바른말형 또라이

실수한 야구 선수를 손가락질했더니 옆에서 "네가 뛰면 더 잘할 것 같아? 저 선수를 비난할 자격이 너한테 있다고 생각해?"라며 바른말을 뱉는 또라이.

바른말형 또라이들은 일단 논리적으로 올바른 말을 한다. 항상 바른말을 하는 사람이니까 원칙대로라면 존경받아야 마땅하리라. 그런데 왜 또라이 소리를 듣는 걸까? 그건 이들이 올바른 말을 최악의 방식으로 전하기 때문이다.

한 아이돌 그룹에 아이돌이라고 하기에는 외모가 살짝 모자란 멤버가 있다고 가정해보자. 물론 그 멤버가 평범한 학생이었다면 학교에서 잘생긴 축에 들었을 친구다. 별생각 없이 "얘는 (아이돌치고) 별론데?"라고 말했는데 옆에 있던 바른말형 또라이가 갑자기 바른말을 시전한다. "네가 더 못생겼어." 물론 아이돌보다야 내가 더 못생긴 건 사실이고 바른말형 또라이가 한 말은 팩트다. 하지만 이런 경우의 바른말이 폭언과 다름이 무엇인가?

바른말형 또라이가 말하는 바른말은 말 그대로 올바른 말이라기보다 극단적인 말인 경우가 많다. 비록 운동장에 발끝 하나 디디지 못할 만큼 축구에 소질이 없다 하더라도 축구 선수의 플레이에 불만을 늘어놓을 수는 있다. 또 아주 못생긴 사람이라도 "걔는 아이돌 하기에 좀 그렇던데?"라고 평가는 할 수 있다. 그런데 옆에서 "그러는 넌 메시가 쏘는 슛을 막을 수 있냐?"라거나 "그럼 네가 쟤처럼 입고 춤춰봐."라는 말을 해댄다면 당황해서 말문이 막혀 제대로 반론도 못하고 마음속에 찜찜함과 억울함만 남을 것이다.

바른말형 또라이는 중2병스럽게 말하자면 모든 것을 파멸시키는 자다. 과정을 무시하고 최종적인 결론만 냄으로써 경기를 종료시켜버린다. 대화 중에는 올바른 결론을 내는 게 목적이 아닌 경우도 많다. 재빨리 결론에 도달하지 않고 카페에서 파는 모든 음료를 다 마실 때까지 이야기를 질질 끄는 것이 좋을 때도 있는 법이다. 일면식도 없는 축구 선수에게 이것저것 불만을 터뜨리는 것도 어떤 결론을 내려는 의도가 아니다. 그런데 축구 경기가 시작되자마자 "네가 선수들을 비난할 자격이 있어?" 하며 바른말이라는 이름의 필살기로 상대방의 입을 다물게 만들고 곧바로 경기 종료를 시켜버리는 사람은 올바른 말을 하는 사람이 아니라 소통 장애를 가진 사람일 뿐이다.

게다가 바른말은 불편한 진실을 품고 있다. 친구의 왼쪽 어깨에 새똥이 묻어 있는 것을 발견했을 때 그 진실을 넌지시 전하는 것은 친절한 행위다. 그런데 아이돌이 꿈이라는 평범한 외모의 어린아이에게 "거울부터 봐."라고 부드러운 표정으로 말하는 것은 전혀 친절한 게 아니다.

바른말형 또라이는 올바른 말을 하느라 배려심에 눈을 감아버린다. 주변에서 "그런 말을 굳이 입 밖에 낼 필요는 없어."라고 아무리 쓴소리를 해도 이들은 "진실을 말해주는 게 왜 욕먹을 짓이야?"라면서 반성조차 하지 않는다. 말은 바르다지만 그 말을 하는 때와 장소는 모조리 틀렸다. 올바른 상황에서 하는 바른말이야말로 진정한 바른말이다.

바른말형 또라이는 바른말이라는 마법의 검을 지니고 있지만 제대로 사용하지 못하고 마구 휘두르다가 주변 사람에게 상처를 입히고 만다. 바른말형 또라이는 온몸이 칼날처럼 날카로워서 다가가기가 힘들다. 이들 옆에 있으면 '내가 틀린 사람이구나.'라는 생각이 들어 위축되고 상처받고 자신감을 잃어버리기 쉽다. 바른말형 또라이가 하는 말은 일단 다 맞는 말이라서 반박하기도 힘들다. 그렇다고 그 사람을 마구 때려줄 수도 없는 노릇 아닌가.

올바른 말을 하는 것은 중요하지만 인간적인 다정함이 1그램도 녹아들지 않은 말은 단순히 나쁜 말을 뛰어넘어 그냥 흉기다. '언뜻 맞는 말을 하는 것 같은데…….' 하는 망설임을 과감히 떨쳐버리고 이 세상에는 바른말을 하는 틀린 또라이도 있다는 생각으로 늦기 전에 이들에게서 도망치자.

드라마를 보면 논리적으로 차분히 말하는 남자에게 여자가 감정적으로 화내는 장면이 자주 나온다. "네 말이 다 맞는데 내 맘에 안 든다고!"라고 화내는 것은 얼핏 여자 쪽의 히스테리컬한 분노 폭발로 보인다. 그러나 다정함이나 배려가 결여된 남자의 말보다 분노가 담긴 여자의 말이 백배, 천배 낫다.

배우자나 애인에게 정신적 학대를 가하는 사람에게서도 바른말형 또라이의 특징을 흔히 찾아볼 수 있다. 이들은 언제나 '다 너 잘 되라고 하는 말이야' 태도를 취하고 상대방에게 논리적인 개선책을 강요한다. 하지만 상대방을 자기 입맛대로 고치겠다는 오만한 태도를 과연 올바르다고 할 수 있을지는 의문이다.

관종형 또라이

승인 욕구의
과격파 집단.

이번에 소개할 또라이는 인간이라면 누구나 될 수 있는 유형이다.

관종형 또라이

'나한테 관심 좀 가져줘!' 하면서 쉽게 토라지는 또라이. '찾을 테면 찾아 봐!' 하면서 가출하는 또라이.

예전부터 관종은 성가시고 미움받는 존재였다. 그런데 요즘에는 승인 욕구라는 말이 널리 퍼져서인지 관심받고 싶어 하는 마음 자체가 인간의 기본적인 욕구로 받아들여지는 추세다.

일전에 나는 직장도 없이 방에 틀어박혀서 몇 달 동안 가족 외의 사람하고는 접촉하지 않고 가족과도 별다른 대화를 하지 않은 적이 있었다. 겉으로 보기에는 혼자서 잘 지내니 관종과 거리가 먼 생활 같겠지만 꼭 그렇지만도 않았다. 내가 혼자 방에서 했던 짓은 '하루에 1만 번쯤 내 이름 검색해보기, 트위터에 글 올리고 어떤 댓글이 달리는지 계속 확인하기' 등이었다. 형식만 다를 뿐이지 남들만큼이나 관심받고 싶어 하는 욕구가 컸던 셈이다. 내 이름을 검색해보는 이유도 악플보다는 가능하면 나를 칭찬하는 글을 찾고 싶었기 때문이다. 나에 대한 긍정적인 평가의 글들은 나에게 카타르시스를 줬다.

사람과 어울리는 게 힘들고 혼자 지내는 게 편하다고 말하는 사람도 어떠한 형식으로든지 관심받고 칭찬받고 인정받고 싶어 한다. 인적 없는 산골짜기에서 아무에게도 보여주지 않고 인정받지도 않을 그림을 그리면서 자기만족할 수 있는 사람은 거의 없다고 봐도 무방하다. 즉, 승인 욕구는 식욕, 수면욕, 성욕 급으로 흔해 빠진 것이다. 문제는 욕구가 너무 강할 때다. 강한 식욕을 참지 못해 폭식하면 몸을 망가뜨릴 수 있고, 강한 수면욕을 참지 못해 많이 자면 그대로 죽어버릴 수 있고, 강한 성욕을 참지 못해 난봉꾼이 되면 주변에 피해를 주고 범죄를 저지를 수 있다.

관종형 또라이도 강한 승인 욕구를 참지 못해 주변에 피해를 끼치는 유형에 해당한다. 이들은 승인 욕구를 채우기 위해서라면 수단과 방법을 가리지 않는 과격파 집단이다. 그나마 개중에서 가장 온건한 집단이 자랑형 관종으로, 포토샵 기술이 빛을 발하는 셀카, 황홀한 풍경, 아기자기한 카페 메뉴, 고급 아파트에 사는 친구 집에서 벌이는 홈 파티 같은 것을 자랑 삼아 SNS에 올리는 사람들이다. '좋아요'를 받겠다는 욕심이 노골적으로 드러나는 관종이 이들에 해당한다. 다행히 자랑형 관종의 목적은 어디까지나 자랑이라서 특별히 나쁜 짓을 하진 않는다. 그저 관심을 받지 못할까 봐 초조해할 뿐이다.

　반면에 관종형 또라이의 과격파 집단은 부정적인 언동으로 관심을 받으려고 하는 경향이 있다. 이들은 SNS에 셀카를 하나 올리더라도 '정말 못생긴 내가 싫어진다⋯⋯' 식의 부정적인 코멘트를 한마디 덧붙인다. 그런데 일반적으로 자신이 못생겼다고 생각하는 사람은 절대 셀카를 SNS에 올리지 않는다. 자신이 못생겼다는 걸 잘 알면서도 자기 얼굴을 SNS에 올리는 사람이 있다면 잔인한 고어물을 불법 업로드하는 거나 다름없으니 얼른 신고하고 계정을 삭제 조치하도록 해야 할 것이다. 자칭 못난이의 셀카를 올리는 목적은 경찰에 신고해달라는 게 아니다. 이 관종들은 그저 '전혀 못생기지 않았어요, 예뻐요'라는 말을 듣고 싶을 뿐이다.

　생판 남이 이런 관종일 경우에는 그냥 무시해버리면 그만이겠지만 운 나쁘게도 지인이나 가족이라면 어떻게 될까? 관종형 또라이를 줄곧 무시하다 보면 그들의 부정적인 언동이 갈수록 심해지고 결국에는 손목을 자해한 모습 같은 극단적인 사진까지 SNS에 올리기도 한다. 상황이 이 지경에 이르면 가족이나 친구의 입장에서는 그냥 무시하고 넘어가기가 어려워진다. 사실 이들은 절대로 죽을 마음이 없다. 그냥 죽지 않을 만큼만 죽으려는 시늉을 하는 데 전문가다. 하지만 원숭이도 나무에서 떨어질 때가 있듯 자칫 잘

못해서 비극이 현실이 될 가능성이 있다. 그렇게 되면 주변 사람들은 '혹시 그때 내가 그런 글을 보고도 무시해서 그 애가 잘못된 건 아닐까?' 하고 자책할 수밖에 없다. 이런 사단이 나지 않기 위해서는 이들에게 무조건 "넌 못생기지 않았어. 넌 나에게 아주 소중한 존재야."라고 끊임없이 말해줘야 한다.

안타깝게도 관종형 또라이는 만족을 모른다. 아무리 승인 욕구를 채워줘도 자꾸자꾸 채워달라고만 하고 보채는 강도도 점점 세진다. 때문에 관종형 또라이 곁에서 관심을 주는 쪽은 인내심을 가지고 시간과 체력을 적절하게 안배해야 한다.

모순형 또라이

사람을
짜증 나게 하는 데
천부적인 재능이 있다.

'담배를 피우는 건강 염려증 환자'.

이게 무슨 말이지?

"담배를 피우는 만큼 건강에 조금 더 신경 쓰다 보니 건강 염려증이 생긴 거잖아!"

아, 그러시구나.

'여행을 좋아하지만 멀미 때문에 교통수단을 싫어하는 사람'.

그럼 어떻게 여행을 간다는 거야?

"멀미는 타고난 체질인데 어쩌라고? 네가 멀미의 괴로움에 대해 뭘 알아? 버스 좌석만 봐도 구역질이 솟아나는 그 참담함을, 토하기 일보 직전인 나의 옆자리를 대놓고 피하는 사람들을 봐야 하는 그 서러움을, 네가 알기나 해?"

아, 네, 네.

모순형 또라이의 이야기는 듣는 것만으로도 진정 짜증스럽고 어찌 보면 공포스럽기까지 하다. 짜증이 짜증을 부르는 세상이니만큼 이들 주변에서 갈등이 끊이지 않는 이유가 아주 잘 이해될 것이다.

"나 고양이 싫어하는데 고양이 키워."라는 말을 들으면 "이런 또라이가……."라고 쏘아붙이고 싶은 심정이다. "여자들은 왜 그렇게 뒷담화를 좋아하는지 모르겠어."라면서 끊임없이 여자의 뒷담화를 하는 남자를 보면 그만 좀 떠들어대라며 입에다 테이프를 붙여주고 싶다. 모순형 또라이들은 이렇게 일관성 없고 모순된 언동을 거듭하며 다른 사람들을 역대급으로 짜증 나게 한다.

하지만 솔직히 인간이 완전히 일관된 언행을 보일 수는 없다. 인간은 성장하고 나이가 들어가면서 취미와 사상과 의견이 조금씩 변화해가기 때문이다. 유치원 때는 호빵맨을 좋아하다가 초등학교에 들어가면 라이더로 흥미가 옮겨가기도 하고, 서른 살 넘어서 애니메이션 '프리큐어' 시리즈의 매력을 깨닫는 사람도 있다. 죽을 때까지 일관된 이상형을 고수하는 사람은 많지 않다. 그러니 "왜 전에 했던 말이랑 달라?" 하면서 그 사람을 몰아붙일 필요가 없는 것이다.

그런데 모순형 또라이는 나이나 경험이 쌓여감에 따라 의견이 달라지는 게 아니라 상황에 따라 자신의 말을 손바닥 뒤집듯이 바꾼다는 게 문제다. 쉽게 말해, 못생긴 남자가 건네준 과자는 "난 단걸 별로 안 좋아해서……"라면서 거절하고, 잘생긴 남자가 건네준 과자는 "와, 내가 좋아하는 거네."라면서 날름 받아먹는 유형이다.

"난 단 음식을 싫어하지만 잘생긴 남자가 주는 거라면 방귀라도 흡입할 수 있어."라고 솔직히 말한다면 그나마 낫다. 그런데 보통은 "과자 종류가 좀 달라. 이건 달지 않은 과자거든." 하고 씨알도 안 먹히는 변명을 늘어놓는다. 즉, 철저한 자기 옹호를 위해서라면 얼마든지 의견을 바꿀 수 있는 것이 모순형 또라이의 특징이다. 이런 점에서만큼은 이 또라이들이 일관된다고 할 수 있다.

'게드 전기'에 등장하는 대사인 "목숨을 소중히 생각하지 않는 녀석은 죽여버리겠어!"와 같은 모순을 보이는 사람도 많다. 이들은 "모두가 사이좋게 지내려면 분위기 해치는 놈을 멀리해야 해."라고 협조의 중요성을 운운하며 내분을 일으킨다. 평화 유지를 위해 전쟁을 벌인다는 식의 쓸데없는 명분을 내세우지 말고, 단순히 싸우고 싶어서 전쟁을 일으켰다고 솔직히 말하는 편이 차라리 양심적이다.

나이와 경험이 쌓여감에 따라 변화하는 의견에 대해 일일이 변명하는 사람도 있다. 예를 들어, "예전에는 나훈아에 푹 빠져 있었는데 지금은 박재범이 그렇게 좋을 수가 없어."라는 말을 들으면 개종 수준의 굉장한 변화라고 생각하면서도 "그렇구나." 하고 고개를 끄덕일 수밖에 없다. 그런데 "품, 언제적 나훈아인지." 하면서 굳이 새로운 의견을 옹호하기 위한 변명 차원에서 예전 의견을 깎아내리는 사람이 있다. 이는 나훈아 당사자와 그의 팬들에게 매우 실례일 뿐 아니라 듣는 사람에게 짜증을 선사하는 말이다.

앞에 든 예에서도 마찬가지다. 여행을 좋아하지만 멀미

때문에 교통수단을 싫어하는 사람일 뿐이라면 "거참, 괴롭겠다."라고 수긍하지 또라이라고까지 생각하진 않을지도 모른다. 그런데 "버스를 아무렇지도 않게 타는 사람이 좀 둔한 거 아니야?"라고 뜬금없는 변명에 돌입한다면 "너 또라이로구나."라는 말을 들어도 어쩔 수 없다. 의견 충돌은 누구에게나 있을 수 있다. 그런데 모순형 또라이의 경우에는 자신의 의견을 정당화하기 위해 다른 의견을 헐뜯는 수법을 사용함으로써 주변을 짜증 나게 만든다.

세세한 변명을 미리 준비해두는 것도 모순형 또라이의 특징이다. 개를 좋아한다고 해서 개가 그려진 달력을 선물해줬더니 "골든레트리버 말고는 그다지……."라는 말을 하고, 카레를 좋아한다고 해서 카레 전문 식당에 데려갔더니 "밥 위에 붓는 카레는 진정한 카레라고 할 수 없지."라고 반응한다. 설사 거짓말이 아닐지라도 이렇게 사람의 호의를 무시해서야 또라이라 부르지 않을 수가 없다.

이와 같이 모순형 또라이는 무엇 하나 순순히 수긍할 줄 모르고 자꾸 딴지만 걸며, 전에 했던 말과 다르다는 지적을 받아도 이마저 부정하는 통에 모순 속으로 점점 더 깊이 빠져들고 만다. 아마도 "네."라고 대답하면 죽는 병에 걸린 게 아닌지. 이들은 전염력이 강한 병에 걸린 환자이므로 10킬로미터쯤 떨어져서 가만히 지켜보기를 권한다.

비평가형 또라이

**인터넷 시대에
날뛰는 무리.**

오늘의 또라이를 소개한다.

비평가형 또라이
남을 다채롭게 비평하면서도 정작 본인은 행동하지 않는 또라이. 이런 유형의 또라이는 비평이 곧 비판이다.

비평가형 또라이는 무슨 말을 하든 죄다 비판이 돼버리는 게 특징이다.

나는 곧 죽어도 남을 칭찬하는 게 질색인 퍽이나 비뚤어진 사람이다. 남을 칭찬하면 너무 오글거려서 심장 마비가 올 것 같기 때문에 건강을 위해 일부러라도 다른 사람을 칭찬하지 않는다. 뿐만 아니라 쉽사리 남을 비판하지도 않는다. 남이 만든 물건을 비판하면 "그래? 그럼 네가 이거보다 더 좋은 걸 만들어봐."라고 공격당하며 앞서 소개한 바른 말형 또라이의 희생양이 될 가능성이 매우 높기 때문이다.

어설프게 남을 비판하면 또라이들이 끊임없이 몰려드는 지옥도가 펼쳐지며 세상이 멸망할 수도 있으므로 나는 극장판 '데빌맨✦' 같은 끝판왕을 제외하고는 웬만하면 비판을 가하지 않는다(다행히 극장판 '데빌맨'은 개봉한 지 15년이 지

✦ 폭망한 실사 영화의 대명사로 불리며 일본 영화계를 끝장내버린 것으로 유명하다.

난 지금도 비판할 게 더 남아 있는 상태라서 나의 비판 욕구를 성실히 채워주고 있다).

다들 알다시피 세상에는 평론가나 비평가라는 직업이 있다. 이 일을 제정신으로 유지해나가는 사람들은 정말 대단하다고 볼 수 있다. 언뜻 보면 뭔가를 창조해내는 것보다 다른 사람이 창조해낸 뭔가에 대해 이러쿵저러쿵 입을 터는 것이 훨씬 간단할 것 같다. 때문에 비평가를 하찮은 직업이라며 깎아내리거나, 비평을 할 때마다 매번 바른말형 또라이가 들러붙어 "그럼 네가 직접 해보든가?" 하며 모든 것을 파멸시켜 게임 오버로 만드는 주문을 외우기도 한다. 그래서 비평은 웬만한 멘털로는 버티기 힘든 일이다.

당연히 비평에는 책임이 따른다. 비평가가 '똥 같은 영화'라고 비평하면 말 그대로 똥에 관한 영화가 아닌 이상 대중에게 재미없는 영화라는 인상을 줄 수밖에 없다. 비평을 읽고 그 영화를 보러 가지 않는 사람도 분명히 나올 것이다. 더군다나 제작사 입장에서 보면 아무리 그것이 정말로 재미없는 똥에 관한 영화라고 하더라도 '똥 같은 영화'라는 비평을 들으면 비평가에게 나쁜 마음이 생길 수밖에 없다. 이렇게 비평가는 비판받기 쉬운 처지에 있다. 뿐만 아니라 남의 원한을 사기 쉬운 직업을 이름과 얼굴까지 공개해가면서 유지하는 일은 상당한 용기와 책임감이 없으면 불가능하다.

그런데 실제 비평가와 달리 비평가형 또라이가 되는 데에는 용기가 전혀 필요하지 않다. 또 책임도 지지 않으면서 오로지 비판만 한다. 우선 이들은 신상을 공개하지 않는다. 상대방은 자신의 이름을 명시하고 작품을 세상에 내놓는 데 비해, 비평가형 또라이는 화조풍월(花鳥風月)이니 세상을 보는 눈이니 하는 그럴듯한 닉네임 말고는 다른 사항을 일절 공개하지 않은 채 오로지 비판만 일삼는다.

잘 이해하지 못한 상태에서 다짜고짜 비판부터 내뱉는 경우도 많다. 온라인 서점의 후기에 책을 아직 읽지 않았지만 제목이 불쾌해서 별점을 1점만 준다는 글을 아무렇지도 않게 올리는 부류를 찾아보는 일은 그리 어렵지 않다.

하지만 비평은 편안하고 안전한 곳에 앉아서 상대방에게 아무 말이나 지껄일 수 있는 권리가 아니다. 자칫하다가는 자신의 무지가 드러나 창피를 당할 수도 있기 때문이다. 역사 영화를 보고 "'세키가하라 전투(1600년대 일본에서 벌어진 내전으로 일본 역사상 가장 규모가 큰 전투로 꼽힌다 – 편집자 주)'라는 말이 뜬금없이 나오니 이해할 수가 없네요."라고 비평을 남긴다면 "그건 네가 무식해서지."라는 싸늘한 반응이 돌아올 것이다.

프로 비평가는 만화를 원작으로 한 실사 영화를 비평하기 위해 원작을 처음부터 끝까지 독파하기도 한다. 나도 극장판 '데빌맨'을 제대로 비평하고 싶어서 원작을 처음부터 끝까지 정독했다. 그런데 비평가형 또라이는 자신의 무지와 독해력 부족으로 재미없게 느껴진 작품을 제작자의 탓으로 돌리거나, 애초에 보지도 않았으면서 '만화를 원작으로 한 실사 영화는 안 봐도 뻔하다, 주연 배우가 별로라 분명히 영화도 별로일 것이다' 같은 근거 없는 비판을 한다. 이는 '내가 모르는 것=지루한 것'이라는 어처구니없는 인식이다.

재미없는 뭔가를 봤을지라도 군말 없이 가만히 있으면 문제가 되지 않을 것을 왜 군이 입 밖으로 꺼냄으로써 긁어 부스럼을 만들까? 그 이유는 뭔가를 비판할 때 쾌감을 느끼기 때문이다. 이렇게 비평가형 또라이의 가장 큰 특징은 쾌감을 목적으로 비판한다는 데 있다. 그리고 이 쾌감은 자기표현에서 비롯된다.

원래 자신을 드러내고 표현하는 쾌감은 작품을 만드는 쪽에서 느껴야 마땅하다. 작품을 만들 능력은커녕 남의 작품을 물고 뜯고 씹을 줄만 알면서 자기표현이라는 고차원적인 행위를 저렴하고 안전한 방법으로 표출하는 것이 비평가형 또라이의 추악한 실체다.

예부터 비평이라는 건 비평을 할 수 있을 만큼의 지식이 없으면 불가능했다. 더구나 아무리 정당한 비평이라 하더라도 그 비평을 통해 원한을 품는 사람이 나오기 마련이라서 밤길 가다가 칼 맞을 각오까지 해야 했다. 그런데 인터넷의 익명성을 이용해 신분을 숨기고 비판하는 일이 가능해지면서부터 비평가형 또라이가 기하급수적으로 늘어났다. 현실에서도 험담만 늘어놓는 사람은 기피 대상 1호이듯 비평가형 또라이가 가까이 있으면 인생이 피곤해진다.

'내가 모르는 것=지루한 것'

패션형 또라이

WANTED

자유와
도덕
사이에서
사는
또라이

✦✦✦

회사에
트레이닝복 입고 가도
괜찮겠지.

시간이 아까우니 얼른 다음 또라이를 소개하려고 한다.

패션형 또라이
골프 웨어나 트레이닝복을 입고 출근하는 또라이. 혹은 자신의 체형을 전혀 고려하지 않은 복장으로 돌아다니는 또라이.

또라이 업계도 나날이 발전하는 중이다. 몇 년 전에 성실형 또라이라는 역사적 발견이 이루어짐으로써 지금까지 성실한 편이라고 평가받던 사람들이 한순간에 또라이가 됐다. 이와 같은 맥락으로 시대가 변화하고 연구가 진행됨에 따라 지금까지 또라이라고 불렸던 사람들이 사실은 또라이가 아니었다고 재평가받는 경우도 있다. 여기서 소개할 패션형 또라이도 현대에 와서 의견이 갈리기 시작한 또라이다.

옛날(아마 구석기 시대쯤?)에는 못생기거나 뚱뚱한 여자가 몸매를 드러내는 옷을 입고 다니면 손가락질을 당하거나 웃음거리가 됐다. 하지만 요즘 시대에는 남의 시선을 잣대로 자신을 평가하는 것은 케케묵은 발상으로 취급받는다. 그래서 어울리지 않는 옷을 입고 있는 사람들을 일괄적으로 또라이라고 부르기가 어려워졌다. 오히려 대머리라서, 못생겨서, 뚱뚱해서, 평발이라서 등 외모를 문제 삼아 남의 행동에 제한을 가하려는 사람들이야말로 진정한 또라이라는 설이 신빙성을 얻기 시작했다. 현재의 관점에서는 다른 사람이 비웃을지라도 나는 내가 입고 싶은 옷을 입는다는 태도가 더 멋있게 보인다. 이는 또라이 같은 행동이 아니라 오히려 쿨한 태도라고 평가가 뒤집어지기까지 했다.

　그럼 패션형 또라이는 이미 멸종한 동물인가 하면 꼭 그렇지도 않다. 아무리 시대가 변해도 악착같이 살아남아 어둠 속에서 날고 뛰는 패션형 또라이가 엄연히 존재한다. 꿋꿋이 마이 웨이를 유지하는 태도는 쿨할지언정 협조성과는 상반되는 경우가 많다. 살고 싶은 대로 사는 것은 멋진 일이지만 다른 사람들과 공존하는 이상 남을 전혀 배려하지 않고 살 수는 없고 그래서도 안 된다.

　요컨대 살아남은 패션형 또라이들이 생명을 유지하려면 때와 장소를 분별할 줄 알아야 한다. 골프 웨어나 트레이닝복을 입고 출근하는 또라이와 자신의 체형을 전혀 고려하지 않은 복장으로 돌아다니는 또라이 중에 후자는 더 이상 또라이라 부르기 어렵다. 하지만 골프 웨어나 트레이닝복을 입고 출근하는 이들은 아직도 엄연한 또라이라고 할 수 있다.

　패션이라는 것은 자기 어필이자 자기만족이다. 스스로를 적절하게 표현하는 일은 결코 나쁜 게 아니다. 그렇지만 자신의 본능을 억제해야 할 장소들이 있다. 가령, 장례식의 주인공은 관 속에 들어가 있는 사람이다. 따라서 장례식장에서는 돌아가신 분에게 관심이 집중돼야 마땅하다. 그런데 디자이너 브랜드의 핫 핑크 정장 차림으로 장례식장에 나타난다면 어떻게 될까? 사자(死者)에게 집중됐던 시선을 전부 빼앗아버리게 되지 않을까?

이와 같이 자기를 억눌러야 할 장소에서도 뻔뻔하게 자기 어필을 하는 이들을 패션형 또라이라 할 수 있다. 이들은 도덕이나 규칙보다 자신의 패션 감각을 우선시하는 경향이 강하다. 그래서 유니폼이 지정되어 있는 회사에 굳이 골프 웨어나 기타 자유 복장을 걸치고 출근하며 죄를 지은 것도 아니고 단순한 계약 위반 아니냐는 궤변을 늘어놓는다.

패션형 또라이는 설명을 좋아한다. 자기 과시욕이 강한 만큼 돋보이는 옷차림을 칭찬받고 싶어 하는 승인 욕구까지 강해서 물어보지도 않은 오늘의 패션 콘셉트를 줄줄 읊곤 한다. 썰렁한 개그를 하고 그게 웃긴 이유를 일일이 설명하면 분위기가 싸해지는 것처럼, 패션 또한 말로 설명을 시작하는 순간 흥이 깨지는 게 당연하고 내 입으로 패션을 변호하는 일이 그렇게 촌스러울 수 없다.

한편, 최근 들어 의견이 갈리기 시작한 패션형 또라이도 있다. 누가 뭐라 하든 자신이 좋아하는 옷을 입는다는 태도를 쿨하다고 평가하는 의견이 있는 반면에 좋아하는 옷에 대한 존중이 느껴지지 않는다는 의견도 있다. 쉽게 말해, 어울리지 않는 옷을 입었다고 손가락질하는 것은 당연히 폭력이라 할 수 있지만, 어울리는 옷을 입으려는 노력을 하지 않는 것 또한 그리 바람직한 자세는 아니라는 말이다.

한번은 코믹콘 구경을 갔다가 코스프레의 수준이 나날이 높아지고 있음을 새삼 느꼈던 적이 있었다. 의상 제작의 역량이 높아진 것은 물론 코스프레를 하는 당사자도 캐릭터에 어울리도록 몸 관리를 잘 하고 있었다. 하지만 의상에 몸을 억지로 욱여넣어 보는 사람들의 마음까지 불편하게 만드는 사람들도 있었다. 캐릭터에 대한 애정이라고는 눈 씻고 찾아봐도 없는 코스프레였다.

하지만 '어울리지 않는다고 해서 원하는 캐릭터의 코스프레를 하면 안 되는 걸까?'라는 물음에는 개인의 자유에 달렸다고 답할 수밖에 없을 것이다. 표현의 자유 문제와 마찬가지로 패션형 또라이를 둘러싼 문제에는 정답이 없다.

부정형 또라이

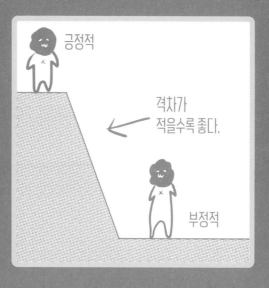

어두운 성격만으로
또라이라
부를 수는 없다.

이번에는 언제 등장하나 은근히 기다렸을 부정형 또라이를 소개한다.

얼마 전까지만 하더라도 긍정적인 성격은 장점이고 부정적인 성격은 단점이라고 여겨졌다. 하지만 지금은 긍정적이든 부정적이든 상관없이 때에 따라 장점이 되기도 하고 단점이 되기도 한다는 인식이 널리 퍼져 있다. 긍정적인 사람은 밝고 적극적이라는 장점이 있지만, 뜬금없이 겨울 산행을 하자고 주변 사람들을 부추기는 무모한 면이 있다. 한편, 부정적인 사람은 말하는 게 하나같이 어둡다는 단점이 있지만, 어떤 유혹에도 흔들리지 않는 신중함이 있다. 따라서 어느 쪽이 좋고 어느 쪽이 나쁜지가 아니라 어느 쪽이 자신에게 맞는지가 관건이라 할 수 있다.

나처럼 원래 부정적인 사람은 출근하면서 '오늘 하루도 힘내자!'라고 뜬금없이 긍정적인 말을 외쳐봤자 아무 소용이 없다. 그보다는 '나는 지금부터 사지로 향한다' 혹은 '이 트윗을 보고 있을 때쯤 나라는 존재는 이 세상에 없을지도 모른다' 같은 메시지를 트위터에 올리는 것이 마음을 안정시키는 데 오히려 좋다.

긍정적 사고와 부정적 사고 모두 마음을 가라앉히기 위한 행위다. 그저 사람에 따라 어느 방법으로 마음을 안정시킬지가 다를 뿐이다. 그러니 부정적 사고를 하는 사람에게

"좀 더 긍정적으로 생각해봐!"라는 조언을 해주는 것은 명상에 빠져 있는 사람에게 노라조의 노래를 열창하면서 우르르 뛰어가는 것과 같다. 물론 노라조가 훌륭한 그룹이라는 점은 부정할 수 없지만, 이 세상에는 이소라의 이별 노래를 듣고 마음의 위로를 받는 사람도 존재하는 법이다.

사람마다 쾌적함을 느끼는 온도는 제각각이다. 그러니 부정적인 사람이 갑자기 긍정적으로 변한다면 다음 날 폭삭 늙어버릴지도 모른다. 긍정적인 면과 부정적인 면의 편차가 극심한 것보다는 안정적으로 부정적인 편이 훨씬 건강에 좋다. 때문에 성향이 부정적이라는 사실 하나만으로는 도저히 또라이라고 부를 수 없다.

그렇다고 해서 부정형 또라이가 존재하지 않는 건 아니다. 긍정적이고 밝은 표정으로 남을 대하는 사람에 비해 상대적으로 부정적이고 어두운 표정으로 남을 대하는 사람은 너무 어두워서 지금껏 눈에 띄지 않았을 뿐이다.

다른 사람에게 부정적인 조언을 해주는 것은 결코 나쁜 일이 아니다. 불륜을 저지르려는 친구에게 "좋아하는 사람이 너무 늦게 나타났나 보네. 잘해봐! 파이팅!" 하고 응원해주는 사람보다 "입장 바꿔놓고 생각해봐. 네 와이프가 바람을 피운다면 네 마음이 어떻겠냐?"라고 쓴소리를 건네주는 사람이 결과적으로 친구를 더 위하는 쪽이라고 할 수 있다. 자신의 생각에 동의해주기를 바라는 사람의 입장에서는 부정적인 사람이 밉긴 하겠지만 이것만으로는 또라이라고 단정 짓기 부족하다.

진정한 부정형 또라이는 여행을 준비하는 사람에게 "거기 가도 볼 거 없어."라고 말하거나, 난생처음 땅을 사서 내 집 마련을 하려는 사람에게 "여기가 옛날에 처형 장소였대."라고 말하는 사람들이다. 즉, 오직 남의 언동에 찬물을 끼얹기 위해서만 부정적인 말을 하는 부류다. 긍정적인 사람은 파이팅을 외치며 무모하고 무책임하게 상대방의 등을 떠민다면, 부정적인 사람, 즉 부정형 또라이는 충고나 조언이라는 미명하에 상대방의 기분을 밑바닥까지 끌어내린다.

부정형 또라이 가운데에는 자신의 부정적인 면을 전혀 바꿀 생각 없이 긍정적인 사람에게 조언을 구하는 지식인형 또라이 같은 이들도 있다. 이런 유는 뭐든지 조언 좀 해달라고 졸라대고서는 상대방이 착실히 긍정적으로 조언해주면 "진심으로 그런 일을 내가 할 수 있을 거라 생각해?" 하면서 상대방이 자신을 이해해주지 않는다고 화를 내기도 한다.

긍정적인 사람을 어리석다고 여기는 것도 부정형 또라이의 특징이다. 이들은 긍정적인 사람을 아무 생각 없는 무신경한 인간형이며 무슨 말을 듣더라도 둔감할 것으로 간주

해서 "○○ 씨는 늘 걱정 없이 해맑아 보이네. 사는 데 고민 1도 없죠?" 하고 냉소적인 말을 태연하게 내뱉기도 한다. 이 말로 인해 상대방이 상처를 입었다고 하더라도 '타고난 긍정적인 성격으로 극복하겠지.' 하며 긍정적인 사람도 좀처럼 실행하기 힘든 긍정적 회로를 돌려버리는 모순도 지니고 있다.

　부정적인 사람은 보통 사람보다 어둡거나 차가운 곳을 좋아하는 경향이 있다. 이건 그 사람의 성질이니까 나쁘다고 할 수 없다. 그런데 여러 사람이 모여 있는 밝은 장소에서 갑자기 제멋대로 커튼을 치고 실내를 어둡게 만들거나, 에어컨 온도를 낮춰서 쌀쌀하게 만드는 이들은 결코 부인할 수 없는 부정형 또라이라고 할 수 있다.

파티피플형 또라이

WANTED

재미만
추구하다가는
자멸할 수도 있다.

이번에 소개할 또라이는 '파티피플형 또라이'다.

파티피플형 또라이는 핼러윈 파티를 정착시킨 아주 몹쓸 부류다. 이들은 평범하게 살아가는 소시민들에게 용서받지 못할 죄를 저질렀다. 왜냐하면 평범한 소시민들로 하여금 파티피플에게 질투와 피해망상을 느끼게 만들었기 때문이다. '내 인생은 이토록 지루한데 저 사람들은 뭐가 그리 좋다고 모여서 웃고 떠들고 난리람?' 하는 질투의 마음을 가지게 했고, '저렇게 삶을 적극적으로 즐기는 사람들은 우리처럼 수동적으로 사는 사람들을 깔보고 있을 게 분명해.' 하는 피해망상을 불러일으킴으로써 원치 않게 파티피플에 대한 험담을 늘어놓도록 만들었다. 정작 파티피플은 평범한 소시민의 삶에 요만큼도 관심이 없지만.

파티피플은 기본적으로 밝다. 일단 밝은 건 좋다. 간혹 우울함에 빠진 파티피플도 있지만, 명색이 파티피플인 만큼 곁에서 격려해주는 친구들이 많아서 곧바로 기운을 되찾는다. 그러고는 "역시 내 베프(베스트 프렌드)야!" 하면서 더

욱 끈끈한 사이가 된다. 이렇게 밝고 활발한 파티피플에 비하면 발톱의 때만도 못한 평범한 우리는 SNS에 고민을 올려봤자 격려해주는 댓글 하나 달리지 않는다. 내가 올린 게시글에 딱 한 개 달린 '좋아요'는 차라리 없느니만 못하다.

파티피플은 항상 집단으로 움직인다. 솔로인 파티피플이 있다는 말은 들어본 적이 없다. 그래서 파티피플은 솔로보다 협업이 뛰어난 게 사실이다. 이들은 툭하면 폭력을 휘두르는 양아치나, 툭하면 악성 댓글을 남기는 키보드 워리어보다야 훨씬 예의 바르다.

파티피플은 SNS에 밝고 화려한 삶을 극대화한 사진을 올림으로써 소시민의 열등감을 건드려 악플 공격을 받기도 한다. 하지만 엄밀히 말하자면 SNS의 파티피플은 주변에 아무런 피해도 끼치지 않으니 악성 댓글 공격을 받을 하등의 이유가 없다.

그런데 개중에 민폐를 끼치는 파티피플이 있다. 핼러윈 파티를 정착시킨 파티피플형 또라이가 그들이다. 핼러윈만 되면 파티피플의 특징인 집단성이 너무 거대해지고 친구만 있다면 무서울 게 없다는 식의 소년 만화 같은 심리가 나쁜 의미로 작동하기 시작한다. 소년 만화에서는 '무적의 우리들'이 악당을 쓰러뜨리지만, 현실에서는 핼러윈 파티를 구경하러 온 '무고한 일반인들'에게 야유를 퍼부으며 공격을 일삼기도 한다. 이처럼 친구만 있다면 무슨 일이든 할 수 있다는 파티피플의 긍정적인 마음을, 친구만 있다면 무슨 일을 해도 괜찮다는 막무가내식 마음으로 변질시킨 게 파티피플형 또라이다.

지나치게 재미만 추구하는 것도 파티피플형 또라이의 특징이다. 이들은 그냥 조용히 살고 싶다는 사람에게 "왜 이렇게 다운돼 있어!" 하면서 밝은 분위기를 강요한다. 또한 성격상 차분해서 말수가 적은 사람을 분위기 흐리는 눈치 없는 사람으로 몰기도 한다. 다시 말해, 자신들의 분위기에 휩쓸려오지 않는 사람은 나쁜 놈 혹은 오타쿠 같은 어둠의 자식으로 취급하는 것이다. 파티피플형 또라이는 조용히 지내고 싶은 사람을 어떻게 해서든 억지로라도 웃게 만들려고 한다. 당사자로서는 불쾌할 뿐이지만 파티피플형 또라이는 '아싸인 너를 모처럼 우리 그룹에 끼워주려고 이렇게 노력하는데 고마워하지도 않네.' 하고 마음대로 생각해버린다.

파티피플형 또라이는 재미만 추구하다가 흥을 억제하지 못하고 사고를 쳐서 법을 어기기도 한다. 또한 나이를 먹고도 파티피플로 살았던 학창 시절의 기억을 떨치지 못하는 또라이도 있다. 이들은 학창 시절의 계급이 사회에서도 여전히 적용된다고 믿는다. 그래서 학창 시절의 아싸가 성인이 되어 잘나가는 청년 사업가로 변신했음에도, 눈치 없이 그 청년 사업가를 예전처럼 함부로 대하려다가 주변의 따가운 눈총을 받기도 한다.

즐겁게 지내는 건 좋은 일이다. 하지만 '우리의 즐거움에 휩쓸린 사람들도 모두 즐거워야 해.'라고 생각하는 건 틀렸다. 그리고 핼러윈이 끝나고 이태원 일대가 거대한 쓰레기장이 되는 것처럼 즐거움의 뒷정리를 제대로 하지 못한다면 또라이라는 말을 들어도 어쩔 수 없다.

인스타그램형 또라이

'활동 상태 표시' 자주 확인하기

'마비' 상태

관심을 끌려다
승인 욕구의
화신이 된다.

이번에는 현대 사회 특유의 또라이를 소개한다.

인별그램형 또라이
인별그램에 사진 올리는 것을 좋아하는 또라이. 정도에 따라 다르겠지만 뻔뻔함 없이는 인별그램형 또라이가 될 수 없다.

인별그래머가 모두 또라이라면 인구의 절반이 또라이일 것이다. 그 정도로 SNS를 전혀 하지 않는 사람은 드물다.

인별그램형 또라이를 언급할 때 그냥 지나칠 수 없는 것이 바로 인별그래머를 험담하는 또라이다. 그리고 인별그래머를 욕할 때 자주 쓰는 스킬은 외모 지적이다. 인별그래머를 험담하는 이유를 들어보면 대부분 특별한 구석이 없다. 인별그래머만 보면 왠지 기분이 나빠져서 아무 이유 없이 비방하고 싶은 마음 그 이상도 이하도 아니다. 젊고 예쁜 여자가 인별그램에서 그저 그런 화젯거리로 웃음꽃을 피우고 있는 모습이 그냥 싫은 거다. 내가 잘 알지도 못하는 주제로 그렇게 즐겁게 떠들어대는 게 눈에 거슬린다는 핑계로 화를 내며 말이다.

그런데 특별히 나쁜 짓을 하지 않는 인별그래머가 짜증나는 마음은 누구에게나 찾아올 수 있다. 자신의 기분이 별로 좋은 상태가 아닐 때 아이라인까지 완벽하게 그려 넣은 셀카를 아침에 일어나자마자 찍은 민낯이라며 올리는 여자를 보면, "아침에 일어나서 사진 찍을 여유가 있다면 화장이나 지우고 자."라고 쏘아붙이고 싶어지지 않는가? 인별그램뿐 아니라 다른 SNS도 마찬가지다. 좋은 게시물도 많지만 짜증을 유발하는 것들도 그에 못지않게 가득하다. 하지만 짜증만 내고 마느냐, 실제로 악플을 다느냐는 하늘과 땅 차이다. 인별그래머를 험담하는 또라이는 인별그래머를 향한 악감정을 입 밖으로 낼 뿐 아니라, 나를 짜증 나게 만든 사람은 죄다 나쁜 놈이라는 논리를 가지고 '인별그래머=악'이라는 이미지를 세상에 심어버리고자 한다.

여기서 주목해야 할 것은 외모에 대한 지적이다. 이들은 인별그래머를 헐뜯을 때 외모 지적이라는 권위에 기대려고 하는 경향이 크다. 단순히 '별다방에서 새로 나온 프라프치노를 마시면서 사진을 찍는 허세녀'라고 에둘러 비꼬기보다 '별다방에서 셀카를 찍고 있는 못생긴 여자'라고 말하는 편이 더 강력한 공격이 되는 것처럼 말이다. 인간은 본능적으로 못생긴 괴물의 저주받은 힘을 두려워하기 때문에, 못생긴 여자가 있다는 말을 들으면 숲에 귀신이 있다는 말을 들은 옛날 시골 사람처럼 얼른 가서 퇴치해야 한다며 죽창을 들고 그 사람의 인별그램 계정에 몰려든다.

물론 모든 인별그래머가 무고하게 죄를 뒤집어쓴 선한 존재는 아니다. 분명히 또라이라 불릴 만한 인별그래머도 있다. 최근에 식당, 편의점 등지에서 아르바이트를 하는 직원이 음식이나 집기를 이용해 장난치는 모습을 동영상에 담아 SNS에 올려 자랑하는, 이른바 '알바 테러'가 화제가 됐다. 이런 어리석은 행동의 주인공 또한 인별그램형 또라이의 한 유형이라 할 수 있다. 이들은 SNS에서 주목받기 위해서라면 양심과 도덕마저 주저 없이 개나 줘버린다.

인별그램형 또라이는 대체로 승인 욕구의 화신인 경우가 많다. 인별그램을 통해 연예계에 데뷔하는 경우도 있으니 어떻게든 관심을 받으려고 수단과 방법을 가리지 않는 것이다. 연예계 데뷔가 목표가 아니더라도 남의 관심을 끄는 것 자체에서 쾌감을 느끼기도 한다. 한번 쾌감을 느끼게 되면 더 큰 쾌감을 바라는 게 인지상정이다. 하지만 수많은 계정이 존재하는 SNS상에서 정상적이고 긍정적인 방향으로 사람들의 주목을 끌기란 쉽지 않다. 그래서 재빠르게 주목을 끄는 방법으로 자극적인 소재에 기대는 것이다. 일전에 SNS에 살인 예고를 했다가 체포당한 여자가 있었다. 범행 동기는 단순했다. SNS에서 주목받고 싶었기 때문이라는 게 이유였다.

대부분의 사람들이 이해할 수 없는 범행 동기일 테지만, 승인 욕구의 화신이 돼버리면 SNS에서 주목받는 게 인생의 그 무엇보다 중요해지고 관심을 끌기 위해서라면 기상천외한 일도 서슴지 않는다. SNS에서 관심받기 위해 윤리관이 점점 마비돼가는 인별그램형 또라이는 '활동 상태'에 '마비'라고 표시해놓는 게 적절하지 않을까 싶다. 승인 욕구나 SNS에서 주목받고 싶다는 마음을 마냥 나쁜 일로 규정하는 건 아니다. 다만 이것들을 얻기 위해 선택한 방법이 '마비' 상태에서 행해지고 있는 건 아닌지 자신의 활동 상태를 자주 확인해야 할 필요가 있다.

꼰대형 또라이

나이가 들었는지
젊었을 때 기억이
잘 안 나네.

기억 미화

질투가 심한 나머지
젊은이들에게
고생을 추천한다.

꼰대형 또라이

자신도 그렇게 해왔으니 젊은 세대도 그렇게 해야 한다고 생각하는 또라이. 문명의 발전을 지연시키는 유형이지만 정작 본인은 모른다.

21세기에 들어선 지도 어언 20년이 흘렀지만 아직도 20세기 사고방식에 사로잡힌 사람들이 많다. 이른바 늙은이라고 불리는 또라이다. 물론 나이 든 게 잘못이라는 뜻은 아니다. 오히려 기성세대가 하는 말은 전부 케케묵고 틀렸다고 믿는 '젊은것들'을 나무랄 필요도 있다.

나는 학창 시절부터 만화가가 되는 게 꿈이었는데, 부모님은 늘 좀 더 안정된 직업을 찾아보라고 했다. 물론 당시의 나는 부모님 말씀을 책상에 꿈을 묻어버린 한심한 어른의 실없는 소리로 치부했다. 그로부터 20년이 지난 지금 부모님의 말씀이 얼마나 옳았는지 온몸으로 깨닫는 중이다. 실제로 만화가가 돼보니 이처럼 불안정한 직업이 또 없다.

직장에서 문제가 생기면 포털에 검색하는 것보다 20년 근속한 선배에게 물어봐야 압도적으로 정확하고 빠르게 해결되듯이, 우리보다 앞서 지구에 와 살고 있는 나이 든 사람들이 젊은 사람들보다 지구 생활에 더 익숙해져 있는 건 당연하다. 기성세대의 시야에 살짝 녹이 슬었다고 해서 '젊은 내가 세상을 더 정확히 볼 수 있어.'라고 단정 짓는 건

교만이다.

　물론 기성세대가 하는 모든 말이 함축적이고 깊이 있는 건 아니다. 왜냐하면 '드래곤 퀘스트'의 레벨 시스템과 달리 나이라는 건 경험치를 쌓지 않아도 저절로 올라가는 것이기 때문이다. 겉보기에는 레벨 99의 현자이지만 내면은 어린아이 같은 언밸런스한 캐릭터를 연상시키는 '지구를 잘 모르는 기성세대'도 있다. 따라서 늙었다고 무조건 무시하는 것도 좋지 않지만 인생의 달인 같은 얼굴을 한 정신 연령 네 살짜리 어른의 말 또한 맹신할 필요는 없다.

　갈수록 초고령화가 심화되고 있는 마당에 우리 사회가 노인으로 넘쳐나게 되리라는 건 불 보듯 뻔하다. 따라서 젊은 세대에게 좋은 노인과 나쁜 노인을 구별해내는 능력이 점점 더 많이 요구될 것이다. 그렇다면 나쁜 노인, 즉 꼰대형 또라이는 어떤 특징을 보일까? 훌륭한 인생 선배마냥 온화한 표정으로 조곤조곤하게 내뱉는 조언이 모조리 젊은 사람의 발목을 잡는 것이라면 100퍼센트 꼰대형 또라이라고 할 수 있다.

　"내가 젊었을 때는 말이야……."라는 말로 입을 여는 노인에는 두 종류가 있다. 먼저 진심으로 예전이 좋았다고 생각하는 사람이다. 이 경우에는 자신이 정말로 좋다고 생각하는 것을 권하므로 악의가 없다. 즉, 자신의 의견을 강요하는 집요한 성격만 아니라면 또라이라 불리기에는 약하다.
또 다른 노인은 예전보다 지금이 더 발전되고 좋아졌다는
사실을 잘 알고 있으면서도 예전이 좋았다고 주장하는 사
람이다. 이렇게 말하는 이유는 젊은 사람을 질투하기 때문
이다. 예전에 자신이 고생해서 일궜던 것들을 지금의 젊은
사람들은 편하게 해내는 게 눈꼴 시려서 못 보겠다는 거다.
그래서 예전이 좋았다는 논리를 들먹이며 자기가 한 고생
을 젊은 사람도 똑같이 맛보게 하려는 나쁜 마음을 먹는다.

이처럼 꼰대형 또라이의 원동력은 대체로 질투에서 비롯
되는 경우가 많다. 자기는 이미 늙어빠졌는데 젊은 육체를
지닌 사람들이 못마땅한 것이다. 또 젊은 사람들의 앞에 펼
쳐진 미래가 불공평하다고 생각해서 젊은 사람이 하는 건
이유를 막론하고 죄다 얄밉게 본다. 이들은 요즘 젊은것들
이 문제라고 비난하면서도 그 누구보다 젊음의 가치를 믿
어 의심치 않으므로 젊음을 지니고 있는 사람을 질투할 수
밖에 없다.

그렇지만 자신이 경험했던 고생을 후임자에게 고스란히
전가하려는 꼰대형 또라이가 사회 곳곳에 퍼진다면 큰일이
아닐 수 없다. 학교에 에어컨을 설치하자는 이야기가 나올
때마다 "우리 어렸을 때는 에어컨 없이도 공부만 잘했어."
라고 말하는 꼰대가 나타나는데, 지구 온난화로 여름이 더

더워졌다는 사실은 어쩔 건가? 이런 변화를 무시하고 옛날에는 에어컨 없이도 잘 살았다는 주장을 밀어붙이다가 열사병으로 죽는 사람이 나온다면 책임질 건가?

꼰대형 또라이는 본의 아니게 생명을 위협할 수도 있다. 만의 하나 진짜로 열사병으로 쓰러지는 사람이 나온다면 꼰대형 또라이는 이렇게 결론을 내릴 것이다. "요즘 젊은것들은 쓸데없이 연약해서 햇볕만 좀 많이 쬐어도 죽는 소리를 한다니까." 당연히 젊은 사람들에게는 통하지 않는 논리일뿐더러 꼰대형 또라이들은 자신들의 비뚤어진 개념에서 비롯된 일에 대한 책임 또한 전혀 지지 않는다.

인간이라면 응당 나이를 먹기 때문에 꼰대형 또라이가 될 가능성은 누구에게나 있다. 이런 또라이가 되지 않으려면 어떻게 해야 할까? 젊음을 부러워하는 마음은 불가항력이다. 젊음에는 다른 것으로 대체할 수 없는 소중한 가치가 분명히 존재하기 때문이다. 그렇다면 '너희들만 젊다는 건 얄미우니까 당장 젊음을 포기해.'라고 생각하기보다 '너희들만 젊다는 건 얄미우니까 나도 젊어질래.'라는 의식을 지녀보는 건 어떨까? 주변을 둘러보면 젊은 사람의 전유물로 여겼던 최신 디지털 기기를 마음껏 활용하는 할아버지, 할머니가 은근히 많다. 이들은 옛것에 집착하는 노인보다 훨씬 편리한 삶을 살고 있다.

또한 혹독한 시집살이를 며느리에게 대대로 물려주는 악순환을 끊으려면 시어머니가 며느리에게 쏟았던 신경을 꺼버리고 힙합 댄스를 배우며 스스로 젊어지는 길을 택하는 건 어떨까. 자기보다 편하게 사는 며느리가 눈꼴 시리고 얄미울 수는 있다. 하지만 미워하는 사람에게 아까운 시간을 써가며 일일이 신경 쓸 필요는 없다.

가을하늘형 또라이

**폭풍 전야의
고요함.**

봄은 또라이가 늘어나는 계절이다. 다들 이 계절을 어떻게 극복하는지?

가을하늘형 또라이
예측할 수 없는 가을하늘처럼 그때그때의 기분에 따라 감정이 달라지는 또라이.

가을하늘형 또라이는 뜬금없이 봄 이야기를 꺼냈다가 상대방의 반응에 따라 갑자기 가을 이야기를 내뱉는다. 지금까지 생각이 일관되지 않은 또라이에 관해서는 몇 번 다룬 적이 있다.

예를 들어, 풍향계형 또라이는 초콜릿 케이크만 고집스럽게 먹다가 상사가 치즈 케이크를 좋아한다는 소문을 듣고 갑자기 마음을 180도 뒤집어 치즈 케이크만 구입하기 시작하는 또라이다. 모순형 또라이는 남의 의견에 "네."라고 말하면 죽는 괴상한 병에 걸려서 상대방을 무작정 부정하다가 과거에 자신이 말한 것까지도 부정하는 바람에 스스로 모순에 빠져버리는 또라이다. 이들은 참치가 헤엄을 멈추면 죽는 것처럼 부정하기를 멈추면 죽는 주문에 걸린, 어떤 의미에서는 아주 불쌍한 또라이다. 요컨대 풍향계형 또라이는 상대방이나 상황을 살펴보고 의견을 바꾸는 약아빠진 유형이고, 모순형 또라이는 남의 의견에 동의하지 않으려고 정반대의 의견을 동시에 말하는 유형이다.

이들에 비해 가을하늘형 또라이는 생각도 줏대도 없다. 제어하지 못하는 감정에 휩쓸려 바람에 이리저리 움직이는 갈대처럼 의견이 갈피를 잡지 못하고 왔다 갔다 한다. 평생 계절, 날씨, 기온, 기압에 휩쓸리며 살아가는 대자연의 아이 같은 부류라서 사계절을 마음껏 누릴 수 있다는 점에서는 대단한 또라이다. 하지만 대자연 속에서 이성보다 직감으로 움직이는 동물과 함께 살아간다면 아무 문제가 없겠으나, 인간 사회 안에 서식하는 가을하늘형 또라이는 다양한 문제의 원인이 된다.

기분이 제멋대로 왔다 갔다 하는 건 본인의 노력으로는 도저히 어쩔 수 없는 타고난 뇌의 구조 문제이니까 덮어놓고 비난만 할 수는 없다. 다만 시시각각 달라지는 기분을 겉으로 드러내느냐 드러내지 않느냐에 따라 '가을하늘형 또라이'와 '감정이 풍부한 사람'으로 갈리게 된다.

갑작스럽게 뭔가가 싫어지는 경험을 할 때가 있다. '방금 점심 메뉴로 카레를 먹고 싶다고 말했지만 사실 사슴의 뇌수를 격렬하게 먹고 싶다'라고 느낄 때가 있을 것이다. 일반적인 사람이라면 거친 뒤꿈치 같은 야생적 욕망을 드러내지 않고 순순히 카레를 먹는다. 그런데 이때 사람들의 면

전에서 조용히 양말을 벗고 까칠까칠한 뒤꿈치 같은 욕망을 드러내는 사람이 바로 가을하늘형 또라이다.

"나는 사슴의 뇌수가 먹고 싶어졌기 때문에 카레는 너희들만 먹어."라고 말하고는 30년식 보병총[+]을 손에 들고 홀로 사슴을 사냥하러 야생으로 떠난다면 그나마 낫다. 그런데 가을하늘형 또라이는 사슴의 뇌수가 먹고 싶어졌다면서 카레를 주문하려는 사람의 손에서 스마트폰을 뺏고 슬며시 보병총을 건네준다. 이렇게 자신의 기분 변화를 거침없이 겉으로 드러내고 주변 사람들까지 말려들게 만드는 것이 가을하늘형 또라이다.

개중에는 사슴의 뇌수를 먹고 싶다고까지는 말하지 않되 거친 뒤꿈치를 책상 위에 턱 올리고 입을 꾹 다무는 사람도 있다. 말은 하지 않지만 기분이 나쁘다는 기운을 숨기지 않으니 당연히 분위기가 좋을 리 없다. 가을하늘형 또라이의 심정은 이렇다. '굳이 말하지 않아도 알겠지만 내 기분이 별로 안 좋으니 뭐라도 좀 해봐. 내가 굳이 말하지 않아도 알겠지만……'

쉽게 말해, 가을하늘형 또라이는 관종형 또라이의 하이

[+] 만화 《골든 카무이》에 나오는 일본 총. 이 만화에는 동물의 뇌수를 먹는 장면이 자주 나온다.

브리드형, 즉 그냥 '아기'다. '감정실금(感情失禁)'이라는 말이 있다. 성인이라면 적절하지 않은 장소에서는 소변이 새나오지 않도록 참아야 하듯이 감정도 함부로 새나오지 않도록 통제해야 한다. 그러니 감정실금으로 인해 속마음을 거침없이 쏟아내고 뒷정리를 주변 사람들에게 떠넘기는 건 본능에 충실한 아기와 다를 바 없다. '기분이 나쁘다'는 이름의 요의가 감지되면 스스로 즐거운 일을 생각해서 요의(尿意)를 누그러뜨리거나, '짱구는 못 말려'에 등장하는 유리 엄마[++]처럼 보는 사람이 없는 데서 인형한테 화풀이를 하는 것이 어른의 올바른 감정 배설 방법이다.

이런 부류가 친구나 동료 혹은 부하 직원일 경우에는 그냥 무시하는 방식을 취하면 되겠지만, 상사나 선배 혹은 부모일 경우에는 대처법이 궁색해진다. 윗사람이거나 자기보다 완력이 센 사람의 성격이 쉴 새 없이 변화한다는 것은 공포라고밖에 표현할 길이 없다. 그런 인간이 윗사람이라면 아랫사람은 항상 상대방의 안색을 살피면서 오들오들 떨어야 한다. 게다가 성격이 변한다는 건 다정할 때도 있다는 뜻이라서 더욱 까다롭고 성가시다. 가정 폭력이나 아동 학대

[++] 평소 허세를 잘 부리는데, 화가 나면 아무도 없는 곳에 들어가 토끼 인형을 구타하면서 분노를 조절한다.

의 피해자가 도망치지 못하는 이유는 이처럼 가해자의 '다정할 때'를 기억하기 때문이다.

감정을 가지고 있다는 사실은 인간의 흥미로운 점이 분명하지만 자신의 감정을 이용해 타인의 인생을 파탄 내서는 안 된다.

"말하지 않아도 알겠지만 내 기분이 별로 안 좋으니까 돌아가 줄래."

=3

참견형 또라이

잡담의 벽이
너무 높은
소통 장애.

다음 또라이 프로파일을 얼른 분석해버리자.

참견형 또라이
관리직도 아니면서 남이 어떻게 일하는지 체크하는 또라이. 더 나아가 다른 사람이 휴일을 어떻게 보내는지까지 간섭한다.

남의 행동에 간섭하고 끼어드는 것이 미움받는 짓임을 알면서도 자신도 모르게 남에게 말참견하게 되는 게 참견형 또라이의 특징이다. 이들은 소통 장애를 겪고 있어 상대방에게 어떻게 말을 붙여야 할지 모르므로 '비가 오네요, 오늘은 하늘이 맑네요' 같은 날씨 화제부터 꺼낸다. 그런데 날씨는 굳이 말하지 않아도 하늘만 보면 누구나 알 수 있다. 상대방은 '하늘에서 연유가 내리는 것도 아닌데 이 사람은 뭐 이런 재미없는 얘기를 계속하고 있는 거지?' 하는 생각에 애매한 미소를 지으며 "네. 그러게요." 같은 반응을 할 수밖에 없고 이걸로 어색한 대화는 종결이다. 오늘 강수 확률은 20퍼센트라는 조금 더 구체적인 날씨 정보 또한 대화의 주제로 삼을 만한 뜨거운 이슈라고 보기에는 역부족이다.

참견형 또라이들은 어색한 분위기를 깨기 위해 어쩔 수 없이 재미없는 날씨 이야기라도 꺼내는 거라고 항변할 수 있다. 하지만 이런 시답잖은 주제는 오히려 상대방의 기분을 상하게 할 수도 있다. 그러니 하늘에서 달디단 연유가 쏟아지지 않는 이상은 웬만하면 화두에 올리지 않는 게 좋은 것이 바로 날씨다.

무슨 말을 해도 미움받는 입장에서는 천지가 개벽하는 특수 상황이 아닌 이상 소통 장애를 겪기 쉽다. 그럼 입이라도 꾹 다물고 있으면 적어도 중간은 가지 않을까 생각하겠지만 현실은 그렇지 않다. 이들은 말을 안 하면 안 하는 대로 분위기를 어색하게 만들어서 같이 있고 싶지 않은 사람으로 찍히기 십상이다. 결과적으로 날씨 이야기를 꺼내 상대방의 기분을 언짢게 하든, 침묵을 지키다가 분위기를 어색하게 만들든 간에 미움받기는 매한가지다. 그냥 그 사람이 그 자리에 있다는 사실 자체가 에러인 것이다.

참견형 또라이는 대화를 제대로 이끌지 못하는 소통 장애 증상이 심해서 일할 때 필요한 말만 겨우 할 뿐 사적인 잡담은 곧 죽어도 못한다. 일반적인 사람들은 시간이 흐를수록 대화의 깊이가 더해가고 서로의 사생활까지 내보이며 가까워지기 마련이다. 반면에 소통 장애에 빠진 참견형 또라이들은 시간이 흘러도 날씨 이야기에서 좀처럼 벗어나지 못할뿐더러 크게 마음먹고 상대방의 개인사에 대해 물어봤다가 쓸데없이 남의 사생활에 참견하는 무례한 사람으로 찍혀버리기 일쑤다.

의사소통 능력이 뛰어난 사람은 다른 사람의 행동이나 사생활에 관한 부분을 자연스럽게 물어볼 수 있다. 비결은 바로 대화의 타이밍이다. 사생활을 중시하는 사람이라도 누군가에게는 꼭 들려주고 싶은 사적인 이야기가 있을 수 있다. 예를 들어, 자신의 사랑스러운 남자 친구를 주변에 자랑하고 싶어서 못 견딜 것 같은 타이밍에 "그런데 요즘 남자 친구랑은 잘 돼가?"라는 질문을 던져주는 사람이 있다면, '좋은 질문이야. 아주 마음에 들어. 빨리 남자 친구 얘기를 들려줘야겠어.'와 같은 마음이 들 것이다. 이와 같이 소통 능력이 높은 사람들은 상대방이 참견해주기를 바랄 때 적절하게 참견하고, 이야기를 들어주기 바랄 때 잘 들어준다.

그런데 참견형 또라이는 원하지 않을 때 느닷없이 참견하고 질문을 퍼붓는다. 이들의 성가신 점은 깊이 파고드는 질문을 하나 했다는 이유로 상대방과 사이가 가까워졌다고 속단한다는 것이다. 하지만 당하는 입장에서는 이런 참견이나 사생활 추적이 언어적 성희롱이나 다름없다. 보통 가해자는 상대방도 즐기고 있다고 생각하는 경우가 많다. 피해자가 멋쩍게 웃으며 넘어가려고 하면 가해자는 자신의 말이 받아들여졌다고 착각해 다음에 더 심한 말을 내뱉는다. 게다가 참견형 또라이의 부적절한 말참견은 동성 사이에서도 빈번히 일어나기 때문에 어떤 의미에서는 성희롱보다 대처가 어렵다.

　참견형 또라이 중에는 말이 많은 소통 장애를 겪는 이들도 존재한다. 말이 서툰 소통 장애는 필요 없는 말을 하면 죽어버리는 병에 걸린 것처럼 과한 침묵을 지키는 경우가 많지만, 말이 많은 소통 장애는 3초 이상 침묵하면 죽어버리는 병에 걸린 것처럼 쓸데없는 말을 쉴 새 없이 쏟아낸다. 말이 많은 소통 장애는 침묵을 용서할 수 없는 비매너로 간주하므로 어떻게든 침묵을 깨자는 생각밖에 하지 않는다. 즉, 침묵을 깨기 위해 늘 초조한 상태라서 자기 말을 상대방이 듣고 싶어 하는지 그렇지 않은지 생각할 겨를이 없다. 마치 3초 이상 침묵이 유지되면 건물이 폭발해 모두가 죽는 사태를 막기 위해 어쩔 수 없이 말을 꺼냈는데 이 말이 지뢰가 되어 또 다른 폭발을 일으키는 상황이라 할까. 단순히 침묵을 깨고자 입을 여는 거라면 차라리 방귀를 뀌어라.

　참견형 또라이는 처음부터 매너가 없는 부류와 매너를 지키려고 조심하다가 결과적으로 매너가 없는 부류가 되는 부류로 나눌 수 있다. 그러나 다른 사람이 보기에는 양쪽 모두 똑같다. 일단 짜증 날 정도로 지겹게 해대는 날씨 이야기를 다른 화제로 돌리는 방법을 고민해보는 것이 소통 장애에서 벗어나는 첫걸음일지도 모른다.

첨가물형 또라이

단 한마디로
강렬하게
나쁜 인상을 심어준다.

막 내키진 않지만 다시 또라이 이야기를 시작해보려고
한다.

첨가물형 또라이
쓸데없는 한마디를 덧붙이는 또라이. 그 한마디는 듣는 사람의 스트레스를 높이는 효과밖에 없다.

대화는 균형이 중요하다. 죽은 거 아닌가 싶을 정도로 침묵하는 것도 좋지 않지만, 반대로 버그가 생긴 기계처럼 끊임없이 입을 터는 것도 좋지 않다. 이런 상태라면 얼른 서비스 센터에 전화해 수리를 맡겨야 한다. 이 둘은 성격이 다르지만 모두 소통 장애에 속한다.

단, 세상에는 몸매도 평범하고 키도 평범하고 촌스러운 안경을 끼지도 않았지만 못생긴 사람이 존재하듯이, 말수가 너무 적지도 않고 너무 많지도 않지만 소통 장애에 걸린 사람이 존재한다. 그게 바로 첨가물형 또라이다.

음식의 양이 너무 적거나 너무 많은 것이 앞에서 언급한 소통 장애라면, 첨가물형 또라이는 음식에 양념을 지나치게 쳐버리는 소통 장애라고 할 수 있다. 첨가물형 또라이의 지나친 양념 맛은 상대방에게 아주 강렬하게 나쁜 인상을 선사한다. 이는 마치 낡은 집을 근사한 저택으로 개조하면서 화장실 문을 유리문으로 바꾸어놓는 식의 옥의 티를 대화 사이사이에 끼워 넣는 것과 같다. 그냥 뒀더라면 평범했을 대화를 쓸데없는 한마디라는 어울리지 않는 양념으로 망쳐버리는 셈이다. 이들과 이야기하다 보면 후추 한 줌을 듬뿍 뿌려놓은 느글느글한 고기를 씹는 기분이 든다.

첨가물형 또라이 중에는 평소에 시체처럼 침묵하다가도 가끔씩 입을 열어 쓸데없는 한마디를 흘리는 원샷원킬형이 있고, 끊임없이 내뱉는 말이 하나같이 전부 쓸데없는 백발백중형이 있다. 말이 서툰 소통 장애와 말이 많은 소통 장애가 이들과 결합되는 경우도 있다. 이렇게 소통 장애는 다양한 합병증을 일으키는 무서운 질병이다.

대화의 암세포라고 할 만한 쓸데없는 한마디는 구체적으로 무엇을 가리킬까? 먼저 칭찬하는 듯하면서 비꼬기가 있다. 칭찬하는 데 그치지 않고 말끝에 별 이유 없이 쓸데없는 한마디를 첨가해 커다란 사태를 일으키는 대화의 오버런 현상이다. 이렇게 되면 앞서 한 칭찬마저 비꼬기를 위한 장치가 돼버린다. 이를테면, "넌 잘생기고 일도 잘하는데 무슨 말 못할 하자라도 있나 왜 애인이 안 생겨?"라는 식이다. 누가 됐든 "넌 정우성이랑 같은 남자잖아."라는 말을 들은 직후에 "나머지는 완전히 다르지만."이라는 말을 추가로 듣는다면 기분이 좋을 리가 없다.

이들은 또한 다른 사람의 이야기에 쓸데없는 양념을 친다. 첨가물형 또라이는 듣는 입장에 섰을 때도 상대방이 원하는 반응을 보여주지 않고 엉뚱한 말을 끼워 넣는다. "비가 오네."라는 말에 "근데 세네갈은 맑다는데?"라고 대답하거나, 대중가요를 듣는데 타령 추임새를 보태는 식이다.

이처럼 쓸데없는 한마디로 대화의 맥을 끊어놓으면 대화가 원활하게 이어지지 못하고 상대방은 기분 좋게 이야기를 이어갈 수 없다. 의사소통 능력이 탁월한 사람은 말하는 기술보다 듣는 기술을 중시한다. 상대방이 기분 좋게 이야기할 수 있도록 하는 것은 소통 능력을 키우는 중요한 요소다. 그리고 이는 첨가물형 또라이와 정반대의 성격이다. 다른 사람과의 대화에 쓸데없는 첨가물을 섞느니 차라리 '그렇군요, 대단하네요'처럼 별 의미 없는 맞장구만 적당히 쳐주는 게 낫다.

쓸데없는 한마디를 내뱉는 타이밍이 나쁜 경우도 많다. 막 공부를 하거나 방 정리를 하려고 마음먹었는데 엄마가 "얼른 방 정리하고 공부해!"라고 잔소리하면 '지금 하려던 참인데 엄마 말을 들으니 하기 싫어졌어!' 했던 적이 한 번쯤은 있을 것이다. 그런데 이런 식의 타이밍 나쁜 잔소리를 시도 때도 없이 내뱉는 게 첨가물형 또라이다. 이들은 '오늘은 컨디션이 좋으니까 열심히 일해야지!'라고 의욕을 다지는 사람에게 "안색이 안 좋네. 조퇴하고 쉬는 게 좋지 않을까?" 라고 말한다. 사람의 의욕을 떨어뜨리는 데 매우 능숙하니 스파이로 키워서 적진에 침투시키면 딱 좋을 인재들이다.

이 부류의 말 한마디 한마디는 나쁜 의미에서 아주 주옥 같기 때문에, 어떨 때는 말이 많은 소통 장애를 가진 또라이의 존재감마저 없애버리는 위력도 가지고 있다. 첨가물형 또라이는 소통 장애 또라이 중에서 증상 자각을 제일 못한다. 스스로를 말도 어느 정도 하고 남의 이야기도 제법 들어주는 편이라고 생각하는 사람일수록, 언제든지 튀어나올 준비가 되어 있는 영양가 없는 한마디를 마음속에 품고 있는 건 아닌지 경계해야 한다.

네네형 또라이

✦✦✦
**막판에
불타오르는
또라이.**

이 책은 인터넷에 연재했던 글과 새롭게 써서 추가한 글을 한데 모아 출간한 것이다. 출간을 위해 추가 분량의 원고를 써야 한다는 건 작가로서 그다지 반가운 일이 아니다. 왜냐하면 연재 분량은 원고료가 발생하지만 새로 쓰는 부분은 원고료가 따로 없기 때문이다. 말 그대로 공짜다. 물론 원고를 추가해 책으로 내면 인세를 받으니 전혀 이득이 없는 건 아니나 새로 쓸 글이 많을수록 그만큼 심리적 부담이 커진다.

이 문제에 관해서는 트위터에서 백만 번 정도 논의했으니 이쯤에서 그만하기로 하고, 여기서 이야기하려는 건 왜 내가 이렇게 많은 분량을 새롭게 쓰게 되는 사태에 이르렀는지에 관해서다. 이유인즉슨 내가 출간 제안을 받고 아무 생각 없이 "네. 알겠습니다!"라고 대답해버렸기 때문이다. 그래서 이번 주제를 네네형 또라이로 정했다. 편집자의 입김을 거치지 않고 순수하게 내가 직접 고른 주제다. 책 출간을 위해 새로운 원고를 추가하는 제도의 좋고 나쁨을 따지자는 게 아니다. 만약 내가 원고를 더 추가하자는 제안이 마음에 들지 않았다면 그 자리에서 단칼에 거절하거나 교섭에 나섰을 것이다. 그런데 당시의 나는 엄지를 치켜세우는 이모티콘까지 섞어가며 "네. 알겠습니다!"라는 승낙의 답장을 보내고는 이제 와서 불만을 늘어놓고 있다. 그야말로 네네형 또라이의 전형적인 모습이다.

　그래도 나는 그나마 괜찮은 축에 속하는 또라이라서 솟아오르는 불만을 원고로 승화시켜 편집자에게 넌지시 전해주는 정도로 그쳤다. 일반적인 네네형 또라이라면 편집자에게 직접 불만을 표출하지 않고, 마치 출판사에서 원고 쓰기를 강요한 것처럼 SNS에 폭로함으로써 다른 사람들의 동정을 구하며 편집자를 나쁜 사람으로 몰아버리는 짓을 충분히 할 수 있다. 물론 여기에는 개인으로 활동하는 작가와 달리 회사라는 조직의 일원인 편집자가 SNS에 올라온 글에 일일이 반론하지 못할 거라는 계산도 깔려 있다.

　이들은 왜 마음에 들지 않는 제안에 '예스'를 외쳐대는 걸까? 가장 큰 이유는 상대방의 만족스러운 표정을 보고 싶은 욕구가 강하기 때문이다. 이들은 상대방에게 미움받는 게 너무나 두려운 나머지 일단 상대방이 원하는 대답을 해버리지만 결국 나중에 가서 차곡차곡 쌓였던 불만을 한꺼번에 터트림으로써 더 미움을 받는다. 어찌 보면 선생님의 말을 감히 거역하지 못하는 학생 같은 심리이기도 하다. 그래서인지 네네형 또라이 중에는 모범생이 많다. 다른 사람의 기대에 부응하는 말만 해오다가 '못해요, 모르겠어요, 무슨 뜻인지 가르쳐주세요' 같은 말을 도저히 할 수 없게 되는 것이다.

이들이 대답을 열심히, 잘 할수록 주변에 끼치는 피해 규모는 그에 비례해 커진다. 전형적인 모범생 타입의 사람에게 일을 맡겼을 때 그가 대단히 밝은 표정으로 "네!"라고 대답한다면 누구나 '아, 이 사람은 내가 시키는 일을 잘 파악하고 있구나.'라고 생각한다. 반대로 흐리멍덩해 보이는 사람이 "네?"라는 의문형으로 대답한다면 '처음부터 다시 설명해줘야 하나?'라는 생각도 들고 '이대로 일을 맡겨도 괜찮을까?'라는 걱정도 든다.

하지만 밝은 표정으로 "네!"라고 대답한 모범생이 사실 아무것도 파악하지 못한 네네형 또라이인 경우가 있다. 일을 맡긴 사람은 마냥 씩씩한 대답에 안심했겠지만 네네형 또라이는 '아무것도 몰라요' 상태다. 게다가 겁쟁이라서 "이 건에 대해 잘 모르겠으니 처음부터 다시 설명해주세요."라고 요청할 용기도 없다. 결국 돌이키지 못할 지경에 이르러서야 비로소 '이 건에 대해 잘 모르는' 인물임을 들키게 된다.

이처럼 네네형 또라이는 주변을 위험에 빠뜨리고 자신을 극한 상황으로 몰아넣는다(나도 아무 생각 없이 했던 대답 탓에 이 순간 극한 상황에 몰려 있다). 네네형 또라이는 본인은 물론 주변 사람까지 불행하게 만드니 아주 성가신 부류다.

"네. 알겠습니다!"

호칭형 또라이

'선수'

사기를
올려주는
평화로운
호칭

✦✦✦
상사
같지 않은
상사.

이번 주제는 호칭형 또라이다. 호칭에 따라 그 사람의 평가가 달라진다는 점을 능숙하게 이용하는 또라이가 있다. 실력은 쥐뿔도 없으면서 눈에 불을 켜고 사내 정치질만 한 덕에 부장이니 차장이니 하는 직위를 떡하니 꿰차고 있는 이름뿐인 상사들 말이다. 회사에 있으나 마나 한 또라이임에도 월급을 나보다 더 많이 가져가니 이들을 볼 때마다 억울하고 짜증 나는 건 당연하다.

대부분의 사람들은 상대방의 직위, 신분, 출신에 따라 인상과 태도를 달리 가지는 경우가 많다. 특히 우리나라 사람들은 직위에 약하다. 그런데 직위를 중시하는 데 비해 실력이 직위에 비례하지 않는 경우가 많은 것 또한 우리 사회의 특징이다. 연공서열이 무너졌다는 말이 나온 지 오래이지만, 한 자리에 오래 있었다는 이유(마치 창틀에 오랫동안 쌓인 먼지 혹은 썩어빠진 고인 물이라는 이유)만으로 실력에 관계없이 높은 직위를 차지하고 있는 인간들은 아주 많다. 직위는 스스로에게 실력이 있다는 착각을 불러일으킨다. 다시 말해, 사람은 높은 직위를 달면 본인이 그에 부합하는 능력을 가진 대단한 사람이라도 된 양 착각하고 행동하기 쉽다. 벼슬 하나 달았다고 본인에게나 주변 사람에게나 코미디 같은 오해를 일으키는 셈이다.

물론 능력이 있어서 그에 적합한 직위를 얻은 사람도 있다. 때문에 정말로 능력 있는 사람과 능력도 없으면서 사내 정치질만 주야장천 해대는 사람이 같은 직위에 오르는 대단히 혼란스러운 상황이 펼쳐지는 일이 부지기수다. 따라서 이 둘을 구분할 수 있는 안목을 기르는 일이 중요한데 그게 또 생각처럼 쉽지가 않다.

호칭형 또라이가 스스로를 대단한 사람처럼 착각하게 되는 데에는 호칭이나 권위에 약한 주변 사람들이 분위기를 조장하는 부분도 한몫한다. 주변에서 자꾸 "부장님, 멋지십니다! 훌륭하십니다!"라고 알랑대니까 우쭐한 기분이 들 수밖에 없는 거다.

이들은 대부분의 사람들이 호칭에 약하다는 사실을 의식적으로 악용하기도 한다. 학력이나 경력을 사칭하며 다니는 인간이 그 전형적인 예다. 조심해야 할 점은 이런 종류의 호칭형 또라이가 반드시 일류 대학 졸업생이나 경영 컨설턴트 같은 그럴싸한 호칭만 사칭한다는 게 아니라는 것이다. 때로는 전직 조폭, 전과자처럼 부정적인 호칭을 내세우면서 밑바닥 인생에서 지금 이 자리까지 올라온 게 얼마나 대단한지 어필하는 경우도 있다. 어두운 밑바닥 삶을 갱생해서 착하게 살게 된 건 매우 고무적인 일이지만, 한때 불량하게 살다가 이제 와서 착하게 살기 시작한 사람보다는 예전부터 쭉 착하고 성실하게 살아온 사람이 더 대단하다는 사실을 잊어서는 안 된다. 나쁜 남자를 사랑의 힘으로 변화시켜보겠다면서 설레는 것은 10대 소녀가 아니고서야 지양해야 할 마음가짐이다.

비슷한 맥락에서 하이퍼미디어 크리에이터 같은 무슨 뜻인지 모를 화려한 호칭을 내세우는 사람은 스스로 "저는 수상한 사람입니다."라고 고백하는 것이나 다름없다. 이런 유는 알아서 수상한 사람이라고 솔직히 밝혀주는 셈이니 오히려 믿을 만한 사람인지도 모른다.

호칭형 또라이의 소소한 사기 행각은 일상생활에서도 흔히 발휘된다. 범죄적 측면의 사기라고까지는 할 수 없지만 일단 이들은 남을 현혹시키는 언행에 능하다. "어디 사세요?"라고 물어봤을 때 서울 인근의 촌구석에 사는데도 "서울이요."라고 대답하거나, 클럽 골목을 지나가는데 아무도 묻지 않았음에도 "이런 데 처음 와봐."라고 뜬금없이 말함으로써 무의식중에 자신에게 유리한 속성을 갖추려는 소소한 거짓말을 아무렇지 않게 한다.

한편, 거드름을 피우고 싶어서 높은 직위를 들먹이는 사람이 있는 반면에 관심받고 싶지 않아서 일부러 자신을 낮추는 호칭을 사용하는 사람도 있다. 그러므로 호칭만 보고 그 사람의 전부를 판단해서는 안 된다. 상대방은 호칭과 어울리지 않는 엄청난 실력을 숨기고 있는 능력자일 수도 있으니까.

　여담으로 야구에서도 주전 선수니 후보 선수니 하는 호칭을 떠나서 일률적으로 선수라고만 불렀으면 좋겠다. 그럼 선수들의 사기도 진작시킬 수 있고 야구장 분위기도 평화로워지지 않을까.

칼아타기형 또라이

자발적으로
흑역사를
생성한다.

아무리 내면이 중요하다고 목소리를 높여봤자 현실을 지배하는 것은 외모 지상주의다. 예쁘고 잘생기면 칭찬받기 쉽고, 뚱뚱하고 못생기면 놀림받기 쉽다. 그런데 한 개인이 속해 있는 그룹의 성격이 외모 지상주의마저 무력화시킬 만큼 커다란 후광 효과를 발휘할 때가 있다. 삐쩍 마르고 허약해서 매일 학교에서 괴롭힘을 당하던 아이가 일진형과 친한 사이라는 사실이 밝혀진 다음 아무도 그 아이를 건드리지 못하게 되는 경우처럼 말이다. 혹은 반에서 주목받지 못했던 못생긴 아이가 어느 날 아이돌 그룹 멤버로 발탁되면서 갑자기 인기가 폭발할 수도 있다. 일진이나 아이돌 그룹에 속해 있다는 이유만으로 대우가 정반대로 달라지는 것이다. 이와 같이 어느 그룹에 속해 있느냐는 무척 중요하기 때문에 사람이라면 누구나 더 좋은 그룹에 속하고 싶어 한다.

갈아타기형 또라이
특정 그룹에 있다가 더 좋아 보이는 그룹을 발견하면 뒤도 돌아보지 않고 떠나버리는 또라이.

쉽게 말해, 하위 그룹에 속한 사람이 상위 그룹에 속할 기회를 호시탐탐 노리다가 상위 그룹에 올라가기로 결정된

순간 하위 그룹과 인연을 딱 끊어버리는 것이다. 이러한 갈아타기는 교우 관계에만 국한되지 않는다. 지금 사귀고 있는 사람이 당장 결혼하고 싶을 만큼 썩 마음에 들지는 않지만 앞날은 모르는 일이라고 생각해 연인 관계를 유지하고 있다가 결혼 조건에 딱 들어맞는 상대가 나타나면 냉큼 갈아타는 사람도 많다. 또 입학한 대학이 성에 차지 않아 재수를 하고 싶지만 그렇다고 합격한 학교를 완전히 그만두기는 아까워서 대학생 신분으로 더 높은 대학의 입학시험을 준비하는 일명 반수를 하는 사람도 갈아타기의 전형적인 예라 할 수 있다.

요컨대 갈아타기형 또라이는 그다지 마음에 들지 않는 애인이나 대학을 보험처럼 붙들고 있어야만 하는 유형이다. 이들은 아무 곳에도 속하지 않고 혼자가 된 상태에서는 다음 행동을 할 수 없다. 아무 그룹에도 속하지 않으면 불안하고 외톨이로 보이는 것도 싫어서 어디에든 무작정 올라타고 보는 거다.

친구는 그렇다 치고 애인까지도 갈아타기를 하는 건 무슨 심리인지 나도 잘 모르겠다. 연애 공백기를 만들고 싶지 않다는 또라이 같은 이유로 항상 누군가와 사귀는 상태를 유지하려는 사람도 존재하니 또라이의 세계는 정말이지 무궁무진한 것 같다.

물론 어떤 종류의 갈아타기는 인생의 무대를 향상시키는 행위가 되기도 한다. 가령, 더 좋은 조건을 제시하는 회사로 이직하는 것은 갈아타기이지만 또라이라고까지 불릴 만한 행위는 아니다. 이런 유의 갈아타기가 허용되지 않는다면 조직 폭력배가 정신을 차리고 어엿한 교수로 변신하는 것보다 영원히 건달 신분에 머물러 있는 것이 바람직한 일이 돼버릴 수 있다. 건달이 갱생해서 교수로 거듭났다고 갈아타기형 또라이라고 부르는 건 전혀 말이 되지 않는다. 인생을 개선하기 위해서 조건 좋은 곳으로 갈아타는 행위는 필수다. 지옥으로 향하는 열차임을 알면서도 일단 올라탔다면 갈아타지 않고 종점까지 가야 한다는 건 너무 가혹하지 않은가. 인생은 얼마든지 궤도 수정을 할 수 있어야 한다.

그렇다면 인생의 무대를 향상시키는 바람직한 갈아타기와 갈아타기형 또라이의 또라이 같은 갈아타기는 어떤 차이가 있을까? 더 좋은 조건을 제시하는 회사로 조용히 이직하는 것이 바람직한 갈아타기라면, 이직하기 위해 그만둔 이전 회사를 폭파시키는 것이 또라이 같은 갈아타기라고 할 수 있다.

갈아타기형 또라이는 자동차를 바꿀 때도 어제까지 잘만 타고 다니던 자동차에 대해 시트 무늬가 촌스러웠다느니 잘 굴러가지도 않던 똥차였다느니 하며 헐뜯는다.

또한 아싸 그룹에서 인싸 그룹으로 소속을 변경한 순간 예전 아싸 멤버들을 투명 인간 취급하고 없었던 일이나 흑역사로 만들어버리는 사람도 갈아타기형 또라이다. 즉, 갈아타기형 또라이는 그냥 갈아타는 것으로 그치지 않고 지금까지 속해 있었던 그룹에 고춧가루를 뿌리는 배신의 아이콘이다.

이전에 속해 있던 그룹을 헐뜯는 행위는 한순간이나마 그곳에 속했던 자신의 판단력 결여를 드러내는 것과 다를 바 없다. "그곳에서의 힘든 경험 덕분에 지금의 제가 있습니다."라는 식의 금메달리스트 같은 그럴싸한 코멘트를 남길 필요는 없다. 좋게 이야기할 게 없다면 그냥 입 다물고 있는 편이 현명하다. 이전에 속했던 그룹을 군이 헐뜯어서 적을 만들지 말자. 헐뜯고 싶은 마음을 꾹 누르고 "안녕! 잘 있어."라는 한마디로 안전 이별하는 게 서로에게 좋다. 애인과 헤어질 때도 전 애인을 사귀던 시기와 현 애인을 사귀는 시기가 겹치지 않도록 인간다움을 발휘해야 한다. 이런 최소한의 인간성도 없다면 바람둥이라는 소문만 나고 앞으로 조건 좋은 애인을 만날 기회가 점점 줄어들 것이다.

갈아타기를 현명하게 잘하는 사람은 마음에 드는 열차가 올 때까지 플랫폼에서 지긋하게 기다릴 줄 안다. 하지만 갈아타기형 또라이는 혼자 있는 순간을 참지 못하고 목적지에 상관없이 가장 먼저 멈추는 열차에 무작정 올라탄다. 이들을 달리 말하면 참을성 없는 또라이라고도 할 수 있다.

마지막으로, 갈아탈 때는 앉았던 자리를 항상 깨끗이 정리하고 가는 일 또한 잊지 말기를 당부한다. 그렇지 않으면 다음 열차에서 승차 거부를 당할지도 모른다.

'지금까지 속해 있었던 그들에 고춧가루를 뿌리는 배신의 아이콘'

비주류형 또라이

 **WANTED**

누구나 경험했을 법한 또라이

✦✦✦

주류 문화를
매도한다.

이번에는 내 마음의 오래된 상처를 건드리는 또라이를 소개하려고 한다.

비주류형 또라이
있어 보이는 영화, 음악, 책 등에만 관심을 가지나 정작 그 내용을 이해하지 못하는 또라이.

세상에는 정공법으로 승리를 거두는 사람들이 있다. 얼굴이 예쁘다거나, 머리가 좋다거나, 돈이 많다거나, 재능이 특출하다거나……. 겉으로 뚜렷하게 드러나고 누구에게나 쉽게 인정받는 능력을 지녔다면 인생의 승리자가 되기 수월하다. 물론 이 중에 하나라도 제대로 갖추고 태어나는 사람은 극소수라서 대부분의 사람들은 어느 정도 나이를 먹으면 정공법으로는 상위권을 차지할 수 없다는 현실을 자각하게 된다. 그리고 이런 평범한 사람들은 승리를 거두기 위한 나름대로의 방법을 모색하기 시작한다. 어떤 사람은 '나는 얼굴은 특별히 잘생기지 않았지만 몸이 좋다'와 같이 정공법과는 다른 차원의 특기를 계발해 성공을 거둔다. 또 어떤 사람은 정공법에 대한 대항 수단으로 특이한 개성을 선택하기도 한다. 즉, 한 분야의 '넘버 원'이 아니라 '온리 원'을 추구하는 전법이다.

예를 들면, 모두가 '어벤져스: 엔드게임'을 보러 갈 때 혼자만 프랑스 예술 영화를 보러 가는 거다. 그리고 모두가 최신 유행의 옷을 사 입을 때 혼자만 빈티지 숍에서 50년 묵은 낡은 옷을 골라 입는다. 또한 모두가 최신 가요를 들을 때 혼자만 제3 세계 음악을 찾아 듣는다.

이런 식으로 자신만의 틀과 개성을 구축해 온리 원을 추구하는 사람이 더 이상 개성이라고 부를 수 없을 정도로 극단으로 치닫게 되면 정신적인 문제가 있는 사람이 돼버릴 공산이 크다. 이렇게 비주류 문화를 통해 개성을 과시하려다가 괴상한 인물이 된 사람이 비주류형 또라이다.

물론 최신 유행 가요를 들으면 온몸의 피부가 달아오르는 알레르기 반응을 보이는 사람도 어딘가에 있을 테고, 남녀가 뭔가 철학적이고 따분한 대사를 끊임없이 주고받다가 노골적인 성행위를 하는 모습을 여과 없이 보여주는 예술 영화를 세 시간 넘게 보고 앉아 있는 걸 좋아하는 사람도 분명히 존재할 것이다. 이런 진정한 비주류 마니아는 단지 심오한 척하고 싶어 하는 비주류형 또라이와 차원이 다르다. 비주류 마니아는 비주류형 또라이가 만들어낸 안 좋은 이미지 탓에 덩달아 험담에 시달리는 애꿎은 피해자일 뿐이다.

진정한 비주류 마니아는 목적성을 가지고 비주류 문화

에 심취하지 않는다. 비주류 마니아는 대중적이지 않은 문화에 진심으로 매력을 느끼는 사람이고, 비주류 마니아를 흉내 내는 비주류형 또라이는 비주류 문화를 추구하는 자신이 주변에 매력적으로 비칠 것이라고 착각하는 부류다. 즉, 남들과 다른 자신을 연출할 수 있다면 그만일 뿐 특별히 비주류 문화에 대해 자신만의 고집이나 취향이 있는 게 아니다.

이들은 '프랑스 예술 영화의 장점을 즐길 줄 아는 내가 대단해! 다들 나를 우러러보겠지?'라며 자신을 추켜세우는 데 그치지 않고, '마블 영화를 보는 사람들은 수준이 낮아!'라며 유행을 쫓는 사람들을 멸시하기까지 한다. 이것이 비주류 마니아와 비주류형 또라이의 결정적인 차이다.

이에 관해서는 최근 문제시되는 과격파 채식주의자의 행위를 참고해보면 좋다. 육식을 금하고 채식만 하는 건 개인의 자유다. 그런데 채식주의자 중에는 채식주의의 이념을 남에게 강요하는 과격파가 있다. 과격파 채식주의자는 고기를 먹는 사람의 인격을 모독하거나 나아가 정육점으로 몰려가 물리적인 폭력을 가하는 경우도 있다.

자신이 얼마나 마니악한 제3 세계 음악을 듣고 있는지 자랑하는 것은 약간 짜증 나는 비주류 마니아다. 이를 뛰어넘어 제3 세계 음악을 모르는 사람들의 무지를 비웃고, 제3 세계 음악도 듣지 않다니 무슨 낙으로 인생을 사느냐면서 빈정거리고, 대중음악을 듣는 사람에게 무차별 공격을 퍼붓는 사람은 단단히 비뚤어진 비주류형 또라이다.

이들은 애초에 남에게 보여주기 위해 비주류 문화를 이용하는 것이기 때문에 비주류 문화가 다른 사람들에게 잘 먹히지 않는다는 사실을 깨닫는 순간 미련 없이 그 문화를 내팽개친다. 그러고 나서 비주류 문화를 추구했던 자신의 과거를 흑역사로 매도하고, 그때 왜 내가 그런 이상한 걸 좋아했는지 모르겠다며 스스로를 깎아내린다.

사실 나도 한때는 비주류형 또라이였다. 당시의 나를 아는 사람들이 그 시절 이야기를 꺼내려고 하면 나는 입 다물고 있으라는 표정으로 그들을 노려보곤 한다.

누구나 한 번쯤은 남들과 다른 특별한 존재가 되고 싶다는 생각을 하기 마련이다. 하지만 스스로 특출한 존재가 되도록 노력하는 대신에 남을 깔보고 비꼰다면 또라이 그 이상도 이하도 아니라는 사실을 명심해야 한다.

불
면
형

또
라
이

✦✦✦

**뿌리 깊이
서식하는
게으름 비판 정신.**

나는 꽃가루 알레르기가 없다. 꽃가루가 아무리 많이 날려도 태연하게 돌아다닐 수 있는 봄은 나를 위한 계절이라고 해도 과언이 아니다. 하지만 어째서 이런 쓸데없는 것에 자부심을 가지는지 이해하지 못하는 사람이 대부분일 거다. 나는 그저 나에게 이거밖에 자랑할 게 없으니 모른 척 넘어가달라고 말하고 싶다. 나처럼 전혀 자랑할 일이 아닌 것을 자랑하는 사람이 옆에 있다면 은근히 짜증 나겠지? 하물며 그런 사람이 상사나 선배라면 당사자의 다크서클은 나날이 짙어질 거다.

이번에 소개할 또라이는 불면형 또라이이다. 이들은 잠을 덜 자는 것 혹은 밤을 새우는 것을 마구 자랑하면서 바쁘다는 사실을 어필한다. 애초에 잠을 덜 자는 게 뭐가 그리 대단하다는 걸까? 요즘 아이들이 어떤지는 모르지만 나 같은 예전 세대는 어렸을 때 오후 여덟 시나 늦어도 아홉 시에는 강제적으로 잠자리에 들어야 했다. 그 시간 이후로 깨어 있는 게 허용되는 날은 새해를 맞이하는 12월 31일 정도였다. 밤을 새운다는 건 특별한 날에만 허용되던 어른스러운 행위였고, 심지어 제때 잠을 자지 않는 건 나쁜 행동에 속했다. 때문에 어렸을 적에는 밤에 깨어 있다는 것이 뭔가 금기를 뛰어넘어 어른이 된 듯한 두근거림을 선사하기도 했다. 그래서 다음 날 학교에 가서 "어젯밤에 열 시까지 안 자고 있었어."라고 친구들에게 자랑하지 않고는 못 배겼던 거다.

요즘 어른들의 수면 부족 자랑도 이런 연장선상에 있다. 예전 초등학생 때 느꼈던 나쁜 짓에 대한 동경을 어른이 돼서도 계속 간직하고 있는 아주 '순수한' 사람인 것이다. 어떤 의미에서는 때 묻지 않은 존재라고도 할 수 있겠다. 그러나 이 순수한 사람의 수면 부족 자랑은 순진무구한 어린아이가 예쁜 돌을 주웠다면서 우라늄 광석을 자랑스럽게 보여주는 것과 같은 위험성을 지니고 있다. 왜냐하면 수면 부족은 우라늄의 방사선 못지않게 건강을 해치기 때문이다.

보통 건강의 필수 요소 세 가지로 수면, 식사, 운동을 꼽는다. 이 중에서 식사와 운동은 다른 것으로 대체 가능한데 수면만큼은 대체할 수 있는 수단이 마땅치 않다. 수면이 부족하면 급속히 몸이 망가져서 심하면 생명을 위협할 수도 있다. 따라서 밤을 새워가며 일하거나 공부하는 것을 훌륭한 행위라고 권하는 사람은 시너나 마약을 정신 건강상 좋다고 권하는 불량 선배와 다름없다.

만약 자기 과시를 위해 의도적으로 수면 시간을 줄인다면 이는 자해나 마찬가지이고 생물로 치면 돌연변이라고 할 수 있다. 수면 부족을 자랑하는 심리의 이면에는 자신이 얼마나 바쁜 사람인지 뽐내려는 의도가 숨어 있다. 이때 바쁘다는 말에 여러 가지 해석이 나올 수 있다. 불면형 또라이가 바쁘다는 것을 드러내려는 이유는 자신이 능력 있는 사람이라서 업무량이 많고, 이성에게 인기가 많아서 스케줄이 꽉 차 있다는 식의 유능함을 과시하기 위해서다. 하지만 업무 속도가 느려서 바쁜 것일 수도 있고, 자기 관리 능력이 떨어져서 자신이 감당할 수 있는 한계 이상으로 업무를 받아버리는 통에 바빠지는 결과를 자초한 것일 수도 있다. 뿐만 아니라 아무하고나 만나고 헤어지느라 바쁜 것을 과연 이성에게 인기가 많다는 뜻으로 해석할 수 있을지는 미지수다.

물론 개중에는 뭘 하든 바쁜 게 좋다는 사람도 있을 수 있다. 한가해지면 손에 집히는 대로 먹어대는 통에 살이 찐다거나, 시간이 남아돌면 한없이 우울해진다는 사람들은 어느 정도 바쁘게 사는 편이 좋다. 바쁘다는 것에 가치를 느끼는 건 어디까지나 개인의 자유니까 말이다.

하지만 불면형 또라이의 진가는 자신이 바쁘다는 것을 자랑하는 데 있는 것이 아니라 바쁘지 않은 사람을 나쁘게 말한다는 점에 있다. 이들은 바쁘지 않은 사람을 보면 가소롭다는 표정으로 약간 업신여기면서 빈정거린다. "한가해 보이시네요?"

한가한 게 나쁜 건 당연히 아니다. 그런데 불면형 또라이는 바쁘지 않은 것을 해악이라고 생각하기 때문에 자신의 일이 끝났으니 정시에 퇴근한다는 당연한 행동을 하는 사람을 의욕이 부족한 사람으로 매도하고 잡아먹을 듯한 기세로 비상식적인 인간 취급을 한다. 바쁜 것에서 매우 커다란 가치를 느끼는 통에 바쁘지 않은 것과 게으른 것의 차이를 이해하지 못하는 것이다.

안타깝게도 우리 사회 전반적으로 불면형 또라이의 경향이 강하다. 얼마 전에 《저, 정시에 퇴근합니다》라는 소설이 드라마화되어 화제가 된 적이 있다. 잘 생각해보면 퇴근 시간이 됐으니 퇴근한다는 말은 비가 오니까 우산을 쓴다는 식의 당연한 말이다. 그런데 지금의 우리나라에서는 이것이 눈에 확 띄는 제목이자, 사람에 따라서는 신성 모독에 해당한다는 인상까지 준다. 이러한 '바쁨 신앙' 덕분에 우리나라의 고도 성장이 가능했다고 하지만, 가장 중요한 건강을 해친다는 점에서는 사이비 종교와 다를 바 없으며 남에게 억지로 강요해선 안 되는 사고방식이다.

또한 바쁘다는 것을 과시하는 것으로 승인 욕구를 채우다 보면 갑자기 한가해졌을 때 스스로에 대한 평가가 한없이 낮아지게 된다. 일밖에 모르던 사람이 정년퇴직 후에 의욕이 급격히 떨어져서 허탈한 상태로 술독에 빠지는 경우도 예상 외로 많다. 바쁨 신앙은 바쁘나 안 바쁘나 비극으로 이어지는 사이비 종교다.

바쁘다거나 잠잘 시간이 없다는 것은 더 이상 자랑거리가 아니다. 오히려 걱정이나 동정을 받아야 마땅한 일이다. 이제부터는 "할 일 다 해서 여덟 시에 잤어!"라는 식으로 장시간 꿀잠 잤다는 자랑이 유행하면 좋겠다. 그러면 여러모로 더 건강한 사회가 될 것 같다.

≡З "한가해 보이시네요?"

허세형 또라이

허세는
행복인가,
비장함인가.

솔직하지 않은 허세가 통하는 곳은 꽃미녀와 꽃미남이 등장하는 만화 속뿐이다. 실제 상황에서 허세를 부리는 것은 자신의 앞길에 압정을 깔아놓는 행위나 마찬가지다.

허세형 또라이
'아직 내 진면목을 보여주지 않았을 뿐이야, 내가 마음만 먹으면 세상 모든 여자들을 사로잡을 수 있어, 나 같은 인재를 제대로 대우해줄 만한 직장은 흔치 않아'라는 식으로 허세를 부리며 모든 걸 정당화하려는 또라이.

허세는 무심코 반사적으로 튀어나온다. 나도 만화 연재를 갑자기 중단당하면 '나 같은 베테랑 작가에게 연재 중단쯤이야 별거 아니지. 언제든지 끝낼 준비를 하고 있었으니 개인적으로 타격은 없어. 시작한 순간부터 연재 중단에 대비가 돼 있었거든. 역시 계획대로야.'라는 식으로 여러 가지 변명을 늘어놓는다. 하지만 변명이 많아지고, 아무도 물어보지도 않고 궁금해하지도 않는 말까지 쏟아내고 나면 그 속에 숨어 있던 허세가 훤히 들여다보인다.

사실 나는 연재 중단이라는 말을 들으면 온몸에 찬물을 뒤집어쓴 듯 눈이 휘둥그레지며 놀랐다가 곧 낙담에 빠질 게 분명하다. 순간적으로 죽고 싶다는 기분이 들지도 모른다. 그런데 이때 왜 죽고 싶은 심정이라고 솔직히 얘기하지 못하고 아무렇지 않은 척 허세를 부리게 되는 걸까? 가장 큰 이유는 남에게 동정이나 업신여김을 받고 싶지 않아서다.

하지만 기본적으로 허세는 자기 목을 조르는 행위다. 치명상을 입었을 때 "걱정 마. 그냥 다쳤을 뿐이야."라고 허세를 부리면 주변 사람들도 "뭐야, 살짝 다친 거래." 하며 그 자리를 뜬다. 머지않아 허세를 부리던 당사자는 시체로 발견되고, 주변에서는 입을 모아 "그 사람이 치명상을 입었다고는 꿈에도 생각지 못했어요."라고 할 것이다. 이건 주변 사람들이 무관심하고 냉정하기 때문이 아니라 본인이 열심히 허세를 부렸기 때문이다. 다른 사람들이 자신을 불쌍하게 여기는 건 굴욕일지 모르지만 그만큼 주변의 도움을 받을 확률이 높아진다는 점에서는 좋은 일이다.

일단 허세에는 '귀여움'이 부족하다. 예컨대 호랑이에게 잡아먹히기 직전인 사람에게 손을 내밀어 구해주려고 했더니 "이건 내가 예상했던 상황이니까 방해하지 마."라고 멋있는 척 앞머리를 쓸어올리며 허세를 부린다면, 누구나 "아, 그러시군요."라고 대답하고 음료와 특제 소스를 대령해서 호랑이의 식사 준비를 도울 것이다. 허세를 부리는 사람은 귀엽지 않기 때문이다.

고양이 집사들을 보라. 고양이만 보면 너무나 귀여워 어쩔 줄 몰라 하며 넙죽 엎드려 간이든 쓸개든 다 내주려고 하지 않는가. 이처럼 귀여움이라는 것은 인간을 비롯한 모든 생물이 생존하는 데 중요한 요소다.

우리는 가난한 가정 환경 때문에 끼니를 자주 거르는 아이를 내세우는 기부 권유 광고를 보면 측은지심이 생기고 그 아이를 도와주고 싶어진다. 그런데 알고 보니 그 아이의 성격이 의외로 못된 것으로 밝혀지면 가난한 가정 환경 때문에 끼니를 자주 거르는 아이라는 사실에는 변함이 없음에도 도와줄 기분이 싹 사라지고 만다. 도움을 받고 싶다면 단순히 불쌍하게 보이는 것만으로는 부족하다. 귀여움이 가미되지 않으면 '그렇게 살아도 싸다'는 소리만 듣게 된다.

그런데 허세라는 건 스스로를 귀여워 보이지 않게 만드는, 즉 스스로 인생의 장벽을 높이는 너무 과격한 자기 설계다. 허세를 부리는 모습을 귀엽다고 생각하는 것은 만화에서나 허용된다.

반대로 너무 불쌍한 모습만 보여주는 것도 별로 귀엽지는 않다. 불쌍함을 호소하려면 타이밍을 잘 맞춰야 한다.

허세는 본인에게 해롭고 허세형 또라이는 남에게도 해롭다. 허세형 또라이의 허세가 "난 아직 내 진면목을 보여주지 않았을 뿐이야." 정도의 수준에 그친다면 그나마 낫다. 그런데 "결국 내가 진면목을 발휘할 자리를 만들어주지 않은 너희가 잘못이야."라고 책임 전가를 할 때 문제가 된다. 단순한 허세라면 피식 웃고 넘어가겠지만 책임까지 덮어쓸 수 있는 문제라면 주변에서는 그냥 넘어갈 수 없지 않겠는가.

이들은 절대로 자신의 잘못을 인정하지 않는다. 앞에서 말한 대로 허세를 부릴 때는 이상하게 말이 많아진다. '미안해'라는 한마디로 넘어갈 수 있는 상황인데도 내가 뭘 잘못했는지에 관한 변명이 줄줄이 붙기 때문에 말이 길어질 수밖에 없다. 그러니 허세형 또라이가 옆에 있으면 분위기가 나빠지고 대화에도 진척이 없다.

허세형 또라이에는 허세를 부린다는 사실을 깨닫지 못하는 또라이와 어렴풋이 깨닫는 또라이가 있다. 아직 내 진면목을 보여주지 않았을 뿐이라는 허세도 그것을 스스로 허세라고 깨닫느냐 못 깨닫느냐에 따라 해석이 크게 달라질 수 있다. 스스로 허세라고 깨닫지 못하는 경우는 정말로 자신이 진면목을 보여주면 무슨 일이든 할 수 있다고 생각하는 축복받은 상태다. 말 그대로 자신에게 크나큰 희망을 품고 있는 '행복'한 상태인 것이다.

반면에 아직 내 진면목을 보여주지 않았을 뿐이라는 말

이 허세임을 조금이라도 깨닫고 있는 사람은 그것을 허세라고 인정하지 않기 위해 무던히 애를 쓴다. 여기에는 허세를 인정해버리면 자아가 붕괴하는 듯한 절망을 맛보기 때문이라는 비장한 이유가 숨어 있다. 자신의 무능함을 인정한다는 것은 꽤나 괴로운 일이 아닐 수 없으니 말이다. 하지만 자신이 할 수 없는 일을 인정할 줄 알아야 할 수 있는 일에 적극적으로 나설 수 있는 법이다. 이를 인정하지 않으면, 할 수 없는 일을 끌어안은 채 진심을 다하면 해낼 수 있다는 말만 되풀이하다가 평생을 낭비하게 될지도 모른다.

허세형 또라이는 자신의 역량을 과대평가하고 섣불리 남에게 책임을 전가한다. 이들에게 남는 건 허세밖에 없다. 혹시 허세형 또라이를 만나면 전혀 귀엽지 않지만 매우 불쌍한 사람이라 여기고 용서해주기 바란다.

"결국 내가 진면목을 발휘할 자리를
만들어주지 않은 너희가 잘못이야."

핑계형 또라이

**해결책 없는
무한 루프의
폭발적 탄생.**

평계형 또라이는 어디에나 있는 희소성 낮은 또라이다. 게임에서 희소성 낮은 캐릭터는 보통 힘이 약하다. 그런데 이 평계형 또라이는 양산형임에도 불구하고 그 힘이 임청 나게 강하다. 어떤 공격을 퍼부어도 완벽한 평계가 돌아오 므로 좀처럼 쓰러뜨릴 수 없다. 차라리 도망가는 게 모양새 가 나을 정도다. 설령 어찌어찌해서 쓰러뜨린다 하더라도 남는 건 이득은커녕 상처뿐일 수 있다.

평계형 또라이

일을 못하거나 친구가 안 생기거나 애인이 없는 등 자신에게 일어나는 모든 일에 대한 평계가 완벽한 또라이.

이들은 회사든 학교든 일상 어디에나 한 명쯤 있으며 가 족 간에도 자주 출몰한다. 가족이라는 건 남에게 허용되지 않는 일종의 '칭얼거림'과 '대충'이 허용되는 관계다. 하지 만 서로를 과하게 대충 대함으로써 '고마워'나 '미안해'라 는 기본적인 소통의 언어까지 소멸시켜버리기도 한다. '고 마워'나 '미안해'라는 말을 군이 하지 않아도 되는 것이 가 족이라고 오해하는 사람에게 '미안해'라고 말할 것을 주문 하면 그 사람의 입에서는 '미안해' 대신 평계가 줄줄 흘러 나온다.

식당으로 빗대자면, 카레를 주문했더니 직원이 "당근, 감자, 양파, 소고기는 있지만 고구마가 없어요. 고구마가 없다고 카레를 못 만드는 건 아니나 과연 그걸 카레라고 할 수 있을까요? 카레에 대한 열정이 없어 보이는데 정말로 카레를 먹고 싶은 건지 일단 그게 의문이네요."라는 식으로 카레를 만들고 싶지 않은 이유 열 개 정도를 하나씩 그릇에 담은 다음 차례차례 식탁에 내려놓는 느낌이다. 짜증이 나서 "카레를 만들 줄은 아는 겁니까?"라고 물으면 이들은 "굳이 카레를 만들라고 한다면 만들긴 하는데요."라고 기분 나쁘게 빈정거린다. 그리고 그 뒤에 열 개의 핑계가 또 추가된다. 이쯤 되면 식탁 위에 핑계가 가득해서 카레가 올라올 틈이 없어진다. 손님이 할 수 있는 일은 "됐어. 안 먹어."라고 내뱉고 가게를 나서는 것뿐이다.

이처럼 무엇을 주문해도 그 주문에 따르지 않을 핑계를 끊임없이 대는 게 핑계형 또라이다.

핑계형 또라이에는 두 종류가 있다. 진심으로 자신이 나쁘지 않다고 믿는 또라이와 자신이 나쁘다는 건 알고 있지만 사과하고 싶어 하지 않는 또라이다. 그런데 종류는 다르지만 신기하게도 핑계의 퀄리티는 똑같다. 적어도 자신이 나쁘다고 자각하는 만큼 언뜻 후자가 나아 보이지만 어차피 핑계의 동기가 절대 사과하고 싶어 하지 않는 것이라서

둘 다 마찬가지인 것이다. 이들의 핑계를 논파했다고 해도 돌아오는 말은 '미안해'가 아니고 침묵과 불쾌함뿐이다. 핑계가 통하지 않으면 최종적으로 상대방을 무시하는 수법을 쓰기 때문이다. 말할 것도 없이 진심으로 자신이 나쁘지 않다고 믿는 또라이는 무슨 말을 해도 무한한 핑계가 튀어나온다는 점에서 이 둘은 일맥상통한다.

살면서 한 번쯤은 핑계형 또라이를 만난다. 핑계형 또라이의 수가 많은 이유는 누구든지 될 수 있는 또라이이기 때문이다.

한편, 핑계형 또라이는 반사적으로 핑계를 댄다. 그렇다고 핑계를 대지 않고 미안하다며 솔직히 말하는 핑계형 또라이가 멋지고 훌륭하다는 의미는 아니다. 이들 중에는 카레를 주문받고 순순히 카레를 내놓는 부류도 있다. 문제는 재료를 넣지 않은 맨카레를 내놓는다는 거다. 즉, 상대방이 화를 내면 핑계형 또라이는 순순히 미안하다고 실토하면서도 자신이 정말 잘못했다고 생각하지 않고 애초에 뭐가 잘못인지조차 알지 못한다. 핑계를 대는 것조차 귀찮아서 미안하다는 말로 얼버무리려는 것일 뿐이다. 이에 대해 불평하면 "하지만 적어도 카레는 내놓았잖아. 사과했는데 언제까지 질척거릴 거야?"라고 적반하장의 태도를 보인다. 이들은 무엇이 잘못인지 모르기 때문에 똑같은 잘못을 반복하고 '미안해' 한마디로 넘어가려는 무한 루프에 빠져 있다.

번외로, 핑계형 또라이가 있는 반면에 핑계를 허용하지 않는 또라이도 존재한다. 핑계를 허용하지 않는 또라이에게 통과될 수 있는 대답은 '미안해'뿐이다. 이들에게는 설명도 변명도 모두 핑계에 불과하므로 상대방이 무슨 말만 하면 즉시 차단에 들어간다. 다시 말하면, 상대방을 사과하게 만드는 것에만 만족하고 원인 해명이나 대책은 강구하지 않는 것이다. 똑같은 잘못이 벌어졌을 때 미안하다는 말만 듣고 넘어가버리니 여기에서도 무한 루프가 탄생한다.

대화는 경중을 떠나 어렵다. 애초에 상대방의 이야기를 경청할 생각이 없다면 해결책 없는 대화의 무한 루프가 발생할 수밖에 없다는 걸 명심하자.

액세서리형 또라이

WANTED

✦✦✦

**액세서리가 아니라
스스로에게 빠진 것.**

누구나 자그마한 액세서리 취향 한두 개쯤 있기 마련이다. 그런데 이런 취향은 대부분 다른 사람들에게는 아무래도 상관없는 것이다. 다시 말해, 취향이라는 건 애초에 자기만족이라 당사자가 좋으면 그만이다. 그런데 자기 취향의 장점을 군이 남에게까지 이해시키려고 하는 인간들이 가끔 있다.

액세서리형 또라이

선글라스나 모자 등의 액세서리를 좋아하는데 그 집착 정도가 비정상적인 또라이. 이들은 회사에 하고 가기에는 부적절한 액세서리를 몸에 걸치고서 직장 동료에게 '나는 너와 다르다'고 군이 어필한다.

우리는 성적 취향 같은 지극히 사적인 부분을 군이 남에게 떠벌리거나 강요하지 않는다. 이런 규칙은 액세서리 같은 취향에도 적용할 필요가 있다. 요즘 세상에는 타인에게 피해를 끼치지 않는 한 남의 취향에 관해 이러쿵저러쿵 이야기하면 안 된다는 것을 법률로 규정해도 좋을 듯하다. 그리고 이 법을 어기는 자는 설사 초범이라 하더라도 실형을 때려야 한다. 이와 동시에 자신의 취향을 남에게 장황하게 이해시키려고 하면 안 된다는 것 또한 반드시 지켜야 할 규칙이다. 특히 흥미가 전혀 없는 사람에게 자신의 취향을 끊임없이 종알종알 이야기하는 건 중범죄다.

액세서리형 또라이는 다른 사람의 소중한 시간을 훔치는 범죄 조직과 한패나 다름없다. 이들이 이야기하고 싶은 건 선글라스나 운동화에 관한 취향이 아니다. 이런 액세서리에 집착하는 자신을 드러내고 싶은 거다. 즉, 액세서리가 아닌 자기 자신에게 흥미를 보인다.

남들의 눈에는 액세서리에 집착하는 이 또라이들이 운동화 끈이나 와이셔츠 커프스 못지않게 흥미 없는 대상이다. 이 넓은 세상에서 액세서리형 또라이들이 말하는 것에 흥미를 가져주는 사람은 그들의 엄마뿐일 것이다. 순수하게 액세서리 취향에 대해 말한다면 재미있을 가능성이라도 있지만, 스스로에게 집착하는 액세서리형 또라이는 이런 가능성마저 제거해버린다.

원래 취향이라는 건 자신의 만족에 그쳐야지 남에게 이해를 시키거나 남의 이해를 받을 필요는 없다. 회사에서는 믿음직한 상사이고 가정에서는 좋은 아빠이지만, 정장 속에 여성용 브래지어를 입고 다닌다는 사실은 본인만 알고 있으면 그만이다. 그런데 자신이 브래지어를 착용 중이라는 사실을 남이 알아줬으면 좋겠다는 마음이 크고, 스스로 "사실 나 브래지어 입고 있어."라고 말을 꺼내고 싶어 안달 난 사람, 나아가 상대방이 믿지 못하면 브래지어를 손수 보여주기까지 하는 사람이 바로 지독한 액세서리형 또라이다.

이들은 자기가 착용한 액세서리를 상대방이 알아채도록 갖은 애를 쓴다. 심지어 상대방이 알아보지 못할까 봐 늘 마음이 초조하고 불안하다. 그래서 상대방이 자신의 은밀한 액세서리를 알아봐줄 때까지 그 사람 앞에서 서성대고 눈을 마주치고 과장된 제스처를 취한다. 이쯤 돼도 상대방이 못 알아본다면 차라리 자기가 알아서 "요즘 브래지어가 잘 맞는 것 같아." 하고 능청스럽게 얘기를 꺼내주면 좋겠지만, 액세서리형 또라이는 자신의 취향이 물 흐르듯 자연스럽게 수면 위로 떠오르는 걸 즐기기 때문에 상대방이 말을 꺼내기 전에 먼저 운을 떼지 않는다.

액세서리에 집착하는 것은 얼굴이나 몸매같이 눈에 잘 띄는 부분으로는 경쟁에서 이길 수 없으니 개성으로 승부하자는 개성파 못난이의 발상에서 비롯된다. 그래서 이들은 큰 부분을 무시하고 세부적인 것에 집착하는 경우가 많다.

예를 들어, 다양한 애끼반지를 수집하고 자주 끼는데도 정작 그것을 착용하는 손가락에 기다란 털이 무성하게 자라 있다거나, 여러 가지 향수를 모으고 자주 뿌리는데도 정작 체취를 없애기 위한 샤워를 하는 데는 소홀하다. 이는 흡사 시판 카레로 만든 카레라이스를 하찮다고 무시하면서 향신료를 마구 때려 넣어 이상한 맛이 나는 지극히 개인적인 취향의 카레를 만들어 손님에게 대접하는, 말하자면 기본을 지키지 않는 것과 같다. 이들의 논리는 정상인의 입장에서는 납득이 불가능하며 짜증만 유발할 뿐이다.

액세서리형 또라이 중에는 정리 정돈을 못하는 발전형 또라이도 있다. 액세서리를 마구잡이로 수집하는 또라이는 함께 사는 가족에게서 싸늘한 시선을 받고, 정리 정돈을 못하는 발전형 또라이는 가족을 비참하게 만든다. 발전형 또라이의 집은 액세서리를 수집한다기보다 액세서리를 빈 공간에 쌓아두고 있다고 말하는 편이 더 어울린다. 이는 도저히 액세서리를 좋아하는 사람의 행위라고 할 수 없다. 하지만 액세서리형 또라이는 수집하는 액세서리에 강한 애정이 있다고 '설정'해둔 상태이므로 아무렇게나 쌓아놓은 액세서리를 가족이 함부로 정리하거나 처분하면 불같이 화를 낸다. 때문에 가족은 서서히 '애정'이라는 이름의 쓰레기 더미에 거주 공간을 빼앗겨버리고 만다.

그러다 진정한 액세서리형 또라이가 되면 누가 어떤 액세서리를 치우거나 버리더라도 없어진 것 자체를 눈치채지 못하는 경지에 이른다. 이들이 액세서리에 보이는 애정이나 집착은 액세서리를 이용해 자신의 취향을 어필하려는 시점에서 끝나버리기 때문이다.

막장형 또라이

**약자를
골라내
공격한다.**

일진 행위 같은 학창 시절의 비정상적인 생활 태도를 아무렇지 않게 자랑하듯 떠벌리고 다니는 사람들이 있다. 이들에게는 이것 말고는 내세울 게 없기 때문이다.

막장형 또라이

사회인이 돼서까지 일진 시절 이야기를 떠벌리고 다니는 또라이. 화장실에서 섀도복싱을 하는 또라이. 특히 남자에게 많지만 여자 중에서도 '내가 아는 사람 중에 고등학교 때 일진이 있었는데……' 하고 어필하는 또라이가 일부 있다.

막장형 또라이는 일방적인 폭력성으로 주변을 위협하고 지배함으로써 남에게 주목받으려는 부류다. 폭력은 좋아하지만 일대일로 싸우는 건 내키지 않아 하며, 시비가 몸싸움으로 번지는 것을 어떻게든 피하기 위해 잘 보이는 데 문신을 해서 겁만 주는 식이다. 막장형 또라이는 자신이 감당할 만한 상대방을 정확하게 고르는 눈이 있다. 눈에 고성능 탐지기가 탑재되어 있기라도 한 건지 자신보다 전투력이 낮은 사람들을 귀신같이 골라내고 그런 사람들에게만 거들먹거린다. 길거리에서 여자만 쏙쏙 스캔해서 재빨리 어깨빵을 시전하는 변태처럼 이들은 순간적인 상황 판단 능력이 뛰어나다.

이 유형은 경향상 남성이 많다. 그렇다고 여자가 남을 위협하지 않는다는 말은 아니다. 여자가 '초고층 아파트의 위층이 좋을까? 아래층이 좋을까?' '불꽃놀이를 앞에서 볼까? 옆에서 볼까?' 같은 복잡하고 다채로운 문제로 타인과 경쟁하는 데 비해, 남자는 '싸움을 얼마나 잘하느냐, 돈이 얼마나 많으냐, 여자에게 얼마나 인기가 있느냐, 거시기가 얼마나 크냐'와 같은 명쾌한 요소로 경쟁한다는 차이만 있을 뿐이다. 어리석었던 학창 시절을 자랑하는 것도 대체로 남자 쪽이다.

물론 지금은 살림 천재에 손수 만든 이유식을 SNS에 올려 자랑하는 여자라도 예전에는 즉석 만남을 숨 쉬듯 하고 다니던 사람이었을지 모른다. 하지만 이를 두고 "옛날에는 남자를 만나기만 하면 잤지." 하고 자랑 삼아 이야기하는 여자는 드물다. 오히려 "아무하고나 자다니요. 저처럼 놀 줄 모르는 사람도 없을걸요." 하며 시치미 뚝 떼는 표정을 지으면 모를까.

내일이 없는 것처럼 매일 밤 즉석 만남을 하고 다니는 행동을 비난하기 위해 이야기를 꺼낸 게 아니다. 중요한 건 과거는 아무리 노력해도 없앨 수 없다는 것이다. 그러니 잘못된 과거는 없었던 일로 치고 살아가는 수밖에 없다. 과거를 하나하나 남에게 보고할 의무는 없다. 이력서의 경력을 써

넣는 칸에 '즉석 만남 애호가'라고 쓸 필요는 없다는 말이다. 과거를 끄집어내서 "너 맨날 클럽에서 만난 남자랑 자고 다녔잖아!"라고 발목 잡고 위협하는 사람이 있다면 절대 상종하지 말아야 하는데, 하물며 스스로 이야기한다는 건 말도 안 된다. 그냥 입 다무는 것이 최선이다. 그런 이야기를 자랑 삼아 떠벌리는 건 또라이나 하는 짓이다.

남자의 경우에도 예전에 오토바이를 타고 폭주하던 시절에 저지른 어리석은 짓을 현 시점에서 털어봤자 득 될 거하나 없으며 오히려 평판만 더럽힐 뿐이라고 용케 깨달은 사람이라면, 입을 꾹 다물고 아무 말도 하지 않을 것이다.

과거의 어리석은 짓을 자랑스럽게 말하고 다니는 사람의심리는 뭘까? 아직도 그 어리석은 짓이 거들먹거릴 만큼 멋진 일이라고 확고히 믿는 사람이거나, 현재의 삶에 이렇다할 이슈가 전혀 없어서 예전의 이야기밖에 못하는 사람이거나, 혹은 양쪽 다일 것이다.

인간은 누구나 흑역사가 있다. 흑역사를 감추려고 하든, 자학거리로 사용하든 본인이 그것을 흑역사로 인식하면 흑역사인 것이다. 그런데 누가 봐도 정상이 아닌데 흑역사를 흑역사로 생각하지 않으면 남이 보기에 세상 어두운 과거이더라도 본인은 그 과거를 가장 빛나던 시절로 거창하게인식해버린다. 하지만 자신에게 '황금색'으로 보이는 것이 남에게는 '똥색'일 수 있다. 자신의 과거를 남에게 말할 때는 조심 또 조심해야 한다.

여우형 또라이

책임을
회피하는
교활한 비실이.

모델이 입고 있던 시점에서는 '섹시 and 와일드'했던 옷이 내가 입는 순간 '아마존 or 구석기'가 되는 일은 아주 흔하다. 좋은 옷을 빌려온 것만으로는 멋쟁이가 될 수 없다. 오히려 자신의 촌스러움이 옷의 멋을 눌러버릴 수도 있다.

여우형 또라이

호랑이의 위세를 빌려 왕 노릇을 하는 여우처럼 넘버 투의 자리에서 으르렁대는 또라이. 부모가 유명 연예인인 덕에 텔레비전에 얼굴을 비치는 연예인 2세 중에 이런 유형이 많다.

세상에는 빌린 물건을 원래 자신의 소유물인 양 보여주는 데 능숙한 사람이 있다. 이런 여우형 또라이의 대선배가 '도라에몽'의 '비실이'다. 비실이는 사실 '노진구'보다 약한 것으로 설정되어 있다. 비실이는 이런 생물학적 약점을 '퉁퉁이'라는 호랑이의 위세로 커버할 뿐 아니라 넘버 투 포지션까지 손에 넣는 등 수완이 매우 뛰어나다. 비실이는 여우형 또라이의 성공적인 케이스라고 할 수 있다.

여우형 또라이는 호랑이의 위세를 빌림으로써 유사시에 책임을 회피할 수 있다. 만약 노진구가 괴롭힘을 견디지 못한 끝에 '어디로든 문'을 사용해 죽어버린다면 가장 먼저 규탄받는 사람은 퉁퉁이일 것이다. 비실이에게도 비난의

화살이 조금은 향할 수 있겠으나 어디까지나 주범은 퉁퉁이이며, 최후의 수단으로 퉁퉁이의 협박을 받았다고 피해자 코스프레를 꾀할 수도 있다. 호랑이의 위세를 빌리면서도 수세에 몰리면 "아니, 호랑이놈이 그렇게 하라고 강요하니까 나도 어쩔 수 없었어. 나 같은 여우가 호랑이를 당해 낼 재간이 있나. 너도 이해하지?"라고 태연하게 말할 수 있는 것이 바로 여우형 또라이다.

퉁퉁이와 비실이 같은 호랑이와 여우 구도는 흔치 않을지 모르지만, 일상생활에서 무의식적으로 여우형 또라이 행동을 취하고 있을 때가 있다. 호랑이 의상 한 벌을 통째로 빌리지는 않고 선글라스만 가볍게 빌리는 정도라 할까? SNS 등에서 물의를 일으키는 발언을 한 후에 '~라고 사람들이 그랬다'라며 얼버무리는 경우를 가끔 보는데, 이 또한 넓은 의미에서는 호랑이의 권위를 빌리는 것이다.

우선 통상적으로 파워가 있는 캐릭터의 발언을 빌려 자신의 의견에 설득력을 보태는 방법이 있다. 나아가 '난 그리 생각하지 않지만 ○○이 그렇게 말하니까'라고 입김이 센 캐릭터에게 책임을 전가하기도 한다. 아주 주도면밀하게 호랑이의 위세를 빌리는 여우형 또라이인 것이다.

한편, 다른 사람의 발언을 마치 자신의 것인 양 호랑이의 위세를 표절하는 여우도 있다. 이쪽이 더 악질처럼 보이지만 대체로 표절은 들통나기 마련이고 들통난 경우에 비난받는 쪽은 오리지널인 호랑이보다 여우이므로 호랑이에게 책임을 전가할 수 없다는 측면에서 오히려 순진하다고도 할 수 있다.

요컨대 유사시에 다 털고 도망칠 수 있다는 점에서 호랑이의 위세를 표절하기보다 잠시 빌리는 부류의 여우형 또라이가 더 악질이다.

리트윗 또한 자신은 한마디도 하지 않고 다른 사람의 발언을 빌려 '나도 이렇게 말하고 싶었어'라고 어필한다는 점에서는 호랑이의 위세를 빌리는 것과 유사하다. 항상 누군가의 의견을 빌려오는 여우형 또라이는 "그러고 보니 정작 네 의견을 들어본 적은 없는 것 같네?"라는 말을 자주 듣는다.

이들은 타인의 위세를 이용해 약삭빠르게 행동하고 피치 못할 시 도망가버리는 요령이 매우 뛰어나다. 하지만 호랑이의 위세를 빌리는 것에도 위험성은 따른다. 빌린 호랑이의 위세가 고급일수록 눈에 잘 띄고 이를 지켜보는 주변의 시선도 엄격해지기 때문이다.

실제로 우리는 연예인 2세가 데뷔했을 때 평범한 신인 연예인을 보는 시선보다 36배 정도 더 엄격한 시선으로 바라보지 않는가? 그리고 만약 인기를 끌지 못하면 부모의 후

원을 받는데도 저 정도밖에 안 되는 어설픈 사람이라며 일반적인 신인 연예인이 실패했을 때보다 128배 더 모진 말을 내뱉기도 한다. 게임에서도 훌륭한 아이템을 갖출수록 패배했을 때 더욱 한심해 보이는 법이다.

호랑이의 위세를 빌리면 유리한 지점에서 출발할 수 있다는 건 확실하지만 대신에 실패했을 때의 단점도 크다. 그야말로 '하이 리스크, 하이 리턴'인 것이다. 또한 호랑이 위세의 그늘 아래에서만 살다 보면 자신을 잃어버리기도 한다. 호랑이의 위세를 벗기면 그 안에 여우는 온데간데없고 초라한 가죽만 남아 있을지도 모른다.

반정부형 또라이

서사의
거대화가
멈추지 않는다.

자신의 탓이라고 절대 인정하고 싶지 않을 때 누구 탓으로 돌리면 좋을까? 남의 탓으로 돌리고 싶다는 마음을 먹은 시점에서 이미 글러먹은 인간이지만, 누구 탓으로 돌리느냐에 따라 그 사람에 대한 평가가 크게 달라지긴 한다. 만약 또라이를 지향한다면 일단 정부 탓을 해보자.

반정부형 또라이

무슨 일이든 "정부가 잘못했어!"라는 말로 일단락 지으려는 또라이. 정치에 대한 신념이 없어서 우파니 야당이니 하는 말의 뜻은 모른다.

어떤 일이든 가능하면 남 탓을 하고 싶은 건 어찌 보면 인지상정이라 할 수 있다. 남 탓의 최대 피해자는 컴퓨터 같은 전자 기기다. 컴퓨터가 고장 나면 "난 아무 짓도 안 했는데 컴퓨터가 자기 혼자 고장 나버렸어."라고 둘러대는 경우가 많지 않은가. 하지만 실제로 무슨 짓이든 했기 때문에 고장이 난 거다. 어떤 기계든 고장은 날 수 있으니 마냥 사용자를 탓할 일은 아니지만 그렇다고 죄 없는 기계에 뒤집어씌우는 것도 바람직하진 않다.

컴퓨터 같은 물건은 반론을 하지 않기 때문에 마음껏 인간의 책임을 떠넘길 수 있다. 그런데 물건 탓으로도 돌리지 못하는 경우가 생기면 어쩔 수 없이 자신 외의 인간 탓으로 돌리는 수밖에 없다. 이때 공격 대상으로 지목당한 인간은 100퍼센트 반격을 감행할 것이다. 이를 피하려면 상대방을 특정하지 않고 복수형으로 공격하는 방법을 취하면 된다. 그러면 누구에게 책임을 전가했는지 모호해지니 반격당할 확률이 줄어들기 때문이다. 이처럼 책임 전가의 대상을 모호하게 만드는 과정에서 탄생한 것이 바로 반정부형 또라이다.

이들은 "쟤가 잘못했어."라고 특정 대상에게 책임을 돌렸다가 "쟤네들이 잘못했어."라고 책임의 대상을 여러 명으로 만든다. 그러다가 결국에는 책임 전가의 대상이 누구인지조차 모호한 나라 탓을 하기에 이르는 스케일이 큰 또라이다.

원래 책임을 전가할 상대방은 거대하고 막연해야 안전하다. 정부가 잘못했다는 건 막연하기도 하고 실제로 정부 탓도 분명히 있을 수 있으므로 언뜻 일리 있는 말처럼 들릴 수 있다.

일전에 한 만화에 "이런 완벽한 팀으로도 이기지 못한다면 애초에 야구 규칙이 이상한 거야."라는 대사가 있었다. 이 대사도 우리 팀 잘못이 아니라 야구의 규칙이나 시스템이 잘못됐다는 의미를 담고 있으므로 정부라는 거대한 대상에게 애매하게 책임을 전가하는 것과 비슷한 사고방식이다. 그런데 이 만화에 나온 "야구 규칙이 이상한 거야."라는 대사에는 최소한 설득력은 있었다. 왜냐하면 재능 있는 선수들이 그에 상응하는 최선을 다한 다음 꺼낸 대사였으니까 말이다.

하지만 반정부형 또라이는 노력은 전혀 하지 않고 규칙이 이상하다는 말부터 꺼낸다. 게다가 정부의 어느 부분이 잘못됐다고 콕 집어 말하는 게 아니라 내가 승리하지 못하는 세상을 만들어낸 정부가 썩었다고 무조건 우기고 본다. 당연히 이들은 정치며 정부의 정책에 관해 잘 알지도 못한다. 야구 규칙이 이상하다고 노래를 부르면서도 2루수와 3루수 사이에 유격수라는 포지션이 있다는 것조차 모르는 셈이다.

정부를 책임을 돌릴 대상으로 삼는 것은 다소 치사한 면도 있다. 책임 전가 대상을 지나치게 거대화시켜 "우주가 잘못했네."라고 툴툴거리는 사람이 있다면 오히려 그 천진난만함이 귀엽게 느껴져서 미워할 수가 없다. 그런데 정부라는 대상은 충분히 거대하면서도 현실적이다. 그리고 약간 어렵기까지 하다. 일반적으로 사람들은 잘 모르는 것에 관해 이러쿵저러쿵하다가 밑천이 드러나고 창피를 당하는 걸 싫어한다. 따라서 정치나 정책에 대해 잘 알지 못하는 사람들은 정부가 잘못했다는 반정부형 또라이의 우격다짐에 입을 다물어버리기 쉽다. 반정부형 또라이들은 이런 심리를 악용해 자신의 지성이 높은 척하면서 마음껏 또라이력을 발휘하기 때문에 매우 얄밉다. 물론 정치를 상세히 알고 있는 사람 앞에서는 몸을 사린다. 반정부형 또라이는 정치에 대해 속속들이 알고 있는 사람 앞에서는 절대 정부 탓을 하지 않는다.

이들은 무슨 일만 생기면 국가와 정부 탓으로 돌리지만 정작 이들에 흥미가 없다는 특징도 가지고 있다. 그래서 정부가 잘못했다고 말하면서도 투표에는 적극적으로 참여하지 않는다. 애초에 정부가 잘못했다고 단언할 수 있는 것도 정치를 자신과 전혀 상관없는 것으로 간주하기 때문이다. 즉, 반정부형 또라이의 정부가 잘못했다는 말은 자신과는 전혀 상관없는 존재의 탓이라서 자신의 책임은 전혀 없다는 논리를 드러낸 것에 불과하다.

의미적으로는 '자연이 잘못했다'고 말하는 것과 비슷하다. 이런 생각이라면 대자연 앞에서 인간은 바람 앞의 불꽃 같다고 겸허한 자세를 보이면 좋을 텐데, 굳이 정치를 입에 올리고 사회에 관심 있는 척하는 것이 반정부형 또라이의 교활한 면이다.

PART 2.

또라이에
대처하는
우리의
자세

또라이까지는 아니라고 생각하면
마음이 한결 편해진다

　지금까지 세상에 널리 퍼져 있는 또라이들에 관해 다뤄봤다. 이제는 또라이들이 판치는 세상에서 살아가기 위한 또라이 대처법에 관해 이야기해보려고 한다.

　또라이는 어디에나 있다. 이 책에는 아내에게 성매매를 시키거나 다른 사람을 협박해서 돈을 갈취하는 인간 쓰레기급 또라이가 아니라 우리 주변에서 흔히 볼 수 있는 또라이가 나온다. 따라서 이 책을 읽고 나서 또라이라고 하기에는 좀 약하다거나 또라이라고 부르는 건 좀 심하다고 느끼는 사람도 틀림없이 있을 것이다. 당신이 느낀 게 맞다. 그리고 이렇게 감정의 예민함을 키우는 일이야말로 또라이에 대처하는 가장 좋은 방법이다.

　이 책에 등장하는 인간을 전부 또라이로 간주한다면 세상은 또라이 천지가 될 것이다. 그러면 인간에게 실망한 신이 인류를 멸망시켜버릴지도 모른다. 반대로 상대방의 결점을 또라이 짓이라고까지 부를 정도는 아니라고 가려낼 수 있다면 당신의 세상에서 또라이는 점차 사라지게 될 것이다. 그러니 '관대한 마음'을 가져라.

하지만 우리가 부처님도 아니고 남의 잘못을 용서하는 것은 쉬운 일이 아닐뿐더러 무턱대고 봐주다 보면 또라이가 더욱 설치지 않겠냐며 반기를 들 수 있다. 물론 때에 따라서는 또라이에게 화를 내는 일도 필요하다. 그러나 화낼 일까지는 아닌데 화를 내는 건 정신과 체력의 낭비에 지나지 않는다. 게다가 시간이 흐른 뒤에 돌아봤을 때 그렇게까지 화낼 일은 아니었는데 괜히 흥분했다며 후회의 늪에 빠질 수도 있다. 쉽게 분노를 드러내면 본인만 손해다.

또 '이 중에서 포털에 야한 단어를 검색해보지 않은 자만 돌을 던져라'라는 가르침에 주목해야 한다. 다시 말해, 화내기 전에 상대방의 또라이 행동이 자신에게도 숨겨져 있지는 않은지 생각해보라는 것이다. 이 책에 등장하는 또라이는 어디에서나 찾아볼 수 있는 또라이이기 때문에 자신의 마음속에도 걸리는 부분이 꽤나 있을 것이다. '나도 남 말할 입장이 아니군, 사람인데 그럴 수 있지' 같은 생각을 가지고 있으면 분노를 좀 더 수월하게 다스릴 수 있다. 상대방을 용서하는 것은 곧 자기 자신을 용서하는 것과 같기 때문이다. 설사 맹세코 자신에게는 또라이 기질이 전혀 없다고 자신 있게 말할 수 있다 하더라도, 또라이들을 괴물이 아니고 우리 이웃에 있는 조금 특이한 사람 정도로 생각하면 그들의 일거수일투족에 매번 반응할 필요성을 느끼지 못하게 된다.

아무리 생각해도 '이건 인간이 할 짓이 아니야, 이렇게 심한 건 태어나서 처음 봐'라고밖에 느껴지지 않는다면 상대방은 진정한 또라이이거나 사나운 포식자이므로 화내는 것보다 도망치는 편이 낫다.

분노의 끓는점을 높여두면 화낼 일이 적어지듯 또라이 장벽을 높일수록 당신의 주변에서 또라이가 사라져갈 것이다. 또라이 장벽이 낮으면 상당히 높은 확률로 자신도 또라이에 속할지 모른다. 그러므로 스스로를 위해서라도 또라이의 장벽은 높여두는 편이 좋다.

만약 같은 행동을 두고 본인은 또라이가 아니고 남들만 또라이라는 생각이 든다면 남 탓만 하는 또라이임을 스스로 커밍아웃하는 것이다.

초고속 단념은 또라이로 인한

피해를 최소화한다

누구나 결점이 있다. 그렇다고 결점을 가진 모든 이들을 또라이로 여긴다면 우리 사회는 또라이 세상이 되고 당신도 또라이로 분류될 것이다. 밖에 나가면 또라이밖에 보이시 않고 믿었던 자기 자신마저 또라이라면 안 그래도 고달픈 인생이 살아갈 맛이 나겠는가. 그러니 일단 다른 사람들의 행위에 관대해져야 한다. 하지만 이렇게 말하면 "뭐야, 또라이를 이해 못해주는 내 속이 좁다는 거야? 또라이들은 늘 이런 식으로 남 탓을 하더라." 하고 울분을 터뜨리는 사람도 나올 것이다.

흔히 내 책의 독자를 두고 사이코패스 아니면 간디밖에 없다고들 말한다. 지극히 사심이 깃든 발언이지만 이 책을 손수 사서 읽어준 당신은 간디임에 틀림없다. 당신은 이미 타인에게 관대할 만큼 관대하며 오히려 이 관대함이 낳은 또라이의 거만함 때문에 괴로워하고 있을 수도 있다. 또라

252

이에게 돌려차기를 시전하고 싶겠지만 간디처럼 관대한 당신이 또라이를 응징하려면 상대가 장관급 또라이는 돼야 한다. 일반 또라이에게는 돌려차기는 고사하고 화내는 것조차 아까우니 응징하려던 마음은 잠시 넣어두도록 하자.

대부분의 또라이 행동은 습관이다. 습관을 고치는 것은 쉬운 일이 아니며, 크게 한번 화를 낸다고 해서 고쳐지는 성질의 것도 아니다. 당신은 또라이의 엄마가 아니다. 그러므로 혹시 또라이를 마주치면 이 또라이에게 화를 내는 일은 당신이 아니라 그 또라이 엄마의 역할이라고 생각하고 신경을 꺼버리자. 즉, 그 또라이를 어떻게든 고쳐보려고 마음먹지 말고, 1초라도 빨리 눈을 돌려서 거리를 두고 잊어버리자.

물론 눈앞에서 펼쳐지는 바비큐 파티처럼 신경을 안 쓰려야 안 쓸 수 없는 일도 있는 법이다. 이럴 땐 지글지글 익어가는 바비큐에만 온 신경을 집중하면 파티 참석자들은 눈에 들어오지 않게 될 수 있다. 얼마나 빨리 자신의 뇌리와 시야에서 또라이를 없애고 바비큐에만 신경 쓰느냐에 따라 삶의 질이 크게 달라진다.

또라이를 하루빨리 잊어버리는 방법 중에 초고속 단념이 있다. 초고속 단념이란 화내지 않는 것이 아니라 단시간에 맹렬하게 화냈다가 얼른 분노의 저편으로 건너가는 것이다. 여기서 분노의 저편은 화내도 소용없다고 단념하는 경지를 가리킨다. 단념하면 자연스럽게 그 주제에 관해 생각하는 시간도 줄어든다. 실제로 경찰을 부를 정도가 아닌 가벼운 또라이는 대부분 단념밖에는 딱히 답이 없다. 그렇다면 최대한 빨리 포기하고 '콧구멍에 땅콩을 얼마나 넣을 수 있느냐?'와 같은 상대적으로 더 유의미한 문제에 집중하는 편이 낫다.

또라이를 아예 생각하지 않을 수 있다면 좋겠지만 눈앞에서 또라이 행동을 목격하는 어쩔 수 없는 경우도 있다. 이럴 때는 또라이의 행동을 손톱을 물어뜯는 습관과 비슷한 것으로 생각하자. 손톱을 물어뜯는 건 불쾌한 행동일 수 있지만 어디까지나 그 사람의 습관이지 내 알 바 아니다. 습관은 쉽게 고쳐지지 않는 데에다 백날 남의 습관을 지적하고 화내는 건 자신에게 아무 의미 없다고 생각한다면 단념도 쉽다.

혹시 또라이에게 관대해지지 못하고 아무리 억눌러도 화가 치솟는다면 찔끔찔끔 화내는 것보다 차라리 한꺼번에 분노를 폭발시키고 일단락 짓는 게 현명하다.

한편, 단념은 흥미를 잃어버린 상태다. 또라이는 자신에게 무관심한 사람보다 자신에게 흥미를 가지고 있는 사람에게 접근하는 법이다. 여자의 강한 부정은 긍정이라고 착각하는 일부 남자들처럼 또라이도 남에게 미움받는 감정을 긍정적인 관심으로 받아들일 수 있다. 당신이 또라이에게 혐오감을 표출하는데 또라이가 당신에게 몹시 질척댄다면 또라이는 이와 같은 착각에 빠져 있을 가능성이 크다. 그러므로 또라이와 만났을 때는 1회에 50점을 내주는 야구 시합처럼 얼른 흥을 깨버려야 한다. 이렇게 하면 또라이도 당신에게 흥미를 잃어버릴 것이다.

'아무리 생각해봤자 소용없는 것에 대해서는 생각하지 않는다'는 방법은 또라이에 대해서뿐 아니라 다른 모든 스트레스를 관리하는 데도 중요하다. 습관 수준의 사소한 또라이 행동은 아무리 곱씹어봤자 소용없는 것의 대표 격이라 할 수 있다. 차라리 로또에 당첨된다면 무엇을 할 것인지 생각하는 게 나을 정도다(어쨌든 로또 당첨 가능성이 0퍼센트는 아니므로).

지금 또라이 때문에 울고 있는 사람은 눈물을 거두기 바란다. 이 세상에 또라이 말고도 눈물을 흘려야 할 대상은 수두룩하다. 분노도 마찬가지다. 범상한 또라이에게 돌려차기를 날리려는 사람은 장관급 또라이가 나타날 때를 대비해 체력을 아껴두자. 우리네 삶에는 또라이 외에도 생각해야 할 게 숱하다.

주변이 또라이 천지인
환경에서 도망친다

또라이와 만났을 때는 재빨리 단념하고 벗어나고 잊어야 한다. 하지만 어떤 인간에게 또라이가 아닌가 하는 강렬한 감정을 품는다는 데서 이미 비상사태가 발생한 것이나 다름없다. 특히 '요즘 주변이 또라이 천지다'라는 느낌이 불현듯 든다면 각별히 조심해야 한다. 중2병에 걸린 아이가 나 빼고 전부 루저라고 취급하는 것은 정말로 본인 말고는 모두 루저라서가 아니라 그 아이의 자의식에 이상이 생겼기 때문이다. 이와 마찬가지로 남을 함부로 또라이라고 생각하기 시작했을 때는 자신에게 문제가 생겼을 가능성이 농후하다.

인간은 여유가 없으면 길 가는 아무나 붙잡고 싸우고 싶은 심정이 되기 쉽다. 따라서 주변에 또라이가 많아졌다고 느끼는 데는 당신 주변에 전에 없던 또라이 서식지가 생겼거나 주변 사람들이 갑자기 인격 파탄자가 됐기 때문이 아니라, 어쩌면 당신의 마음이 초조해져서 사소한 일에도 예민해졌기 때문일 수 있다.

물론 '옷이 작아진 게 아니라 네가 살찐 것이다'라는 비난으로 들릴지도 모른다. 당신이 어떻게 받아들이든 그건 당신 자유이나, 어쨌든 초조함은 피로에서 비롯되는 경우가 많다. 그러므로 또라이라는 환각이 보인다면 휴식을 취하라는 신호로 받아들여야 한다. 아무리 잠을 많이 자도 또라이가 눈앞에 아른거리면 그것은 환각이 아니라 진짜로 또라이일 것이다.

단, 실제로 또라이가 있더라도 그 또라이에게 저주를 퍼붓거나 욕을 해서는 안 된다. 최근 나와 작업한 담당 편집자들이 골절상을 당하거나 치질에 걸리거나 태풍에 베란다 창문이 깨진 것을 보면 믿거나 말거나 저주의 효과가 전혀 없다고는 할 수 없다. 사담이 길었는데, 내가 하고 싶은 말은 저주는 시간 낭비일 뿐이라는 사실이다. 나는 편집자를 저주하는 것 외에는 딱히 할 일이 없지만 공사다망한 당신은 무익한 일을 하는 데 아까운 시간을 허비하지 않길 바란다. 누군가에게서 또라이의 향기가 나더라도 그 사람을 저주하지 말고 꾹 참아보자. 그리고 이에 대한 보상으로 언젠가 하늘의 축복을 받을 것이라고 긍정적인 믿음을 가져보자.

직장에 또라이가 있다면 험담을 하고 싶어 견딜 수 없을 것이다. 하지만 욕이나 뒷담화는 즐길 거리가 딱히 없는 한적한 시골에서나 어쩔 수 없이 하게 되는 유일한 오락일 뿐이다. 또라이의 험담을 하는 것이 스트레스를 해소하는 유일한 오락이라면 그 사람의 마음은 인구가 눈에 띄게 줄어드는 시골처럼 황폐해져갈 것이다. 가능하다면 또라이에게서 받은 스트레스는 즐거운 일로 덮어버리자.

누군가를 미워하는 일은 건강에도 해롭다. 그러니 사람을 미워하기보다 상황 탓으로 돌리는 편이 낫다. 예전에 홋카이도에서 곰이 민가를 습격한 사건이 있었다. 그때 민가에 살고 있던 부부가 도망치던 중에 남편이 급한 마음에 아내를 밟고 창문을 뛰어넘었다고 한다. 다행히 부부는 성공적으로 도망쳤지만 부부 사이에는 당연히 메우기 힘든 균열이 생기고 말았다. 사람은 위기 상황에 처하면 본성이 나오기 마련이다. 평소에는 목숨을 걸고 아내를 지키겠다는 맹세를 하지만 막상 맹수의 습격을 받으면 "제 아내가 요즘 살이 쪄서 더 맛있을 거예요."라면서 아내의 등을 슬쩍 떠밀지 누가 알겠는가. 그러나 이는 그 사람이 또라이이기 때문이라고 하기는 어렵고 맹수에게 습격을 당한 특수한 상황에서는 누구나 본능적으로 그럴 수 있는 것이다. 다시 말해, 그 사람이 나쁜 것이 아니라 또라이가 될 수밖에 없는 상황이 나쁜 것이다.

악덕 기업 같은 여유 없는 환경에서 일하면 자신에게 주어진 업무만으로도 벅차서 다른 사람에 대한 배려심은커녕 사소한 데도 예민해지고 쉽게 화를 낸다. 제3자의 입장에서는 '왜 이 회사에는 또라이들만 모여 있는 거야?'라고 의문을 표할 테지만, 사원 개개인의 문제라기보다는 나쁜 자세를 유도하는 의자처럼 사람의 성격을 또라이로 만드는 회사 탓이 크다.

또라이를 만났을 때는 그 또라이를 비난하기 전에 먼저 상황이나 환경으로 눈을 돌려보자.

한편, 환경에 의해 또라이가 생겨나는 경우에는 자신도 그 환경에 처해 있을 시 역시 또라이가 될 가능성이 있다. 어떤 의미에서는 타고난 또라이가 있는 곳보다 더 심각한 상황이라 할 수 있으니 최대한 빨리 탈출할 것을 적극 권한다.

'숨만 쉬지 않으면 좋은 사람이다'라는 말이 있다. 운전대만 잡으면 돌변하는 사람처럼 어떤 조건하에서만 또라이 기질이 발동하는 이들이 있다. 이들과는 가능한 한 해당 조건에서는 함께 있지 않도록 조심해야 한다. 싸움을 피하기 위해 정치, 야구, 종교 이야기를 자제하는 것처럼 말이다.

인간은 누구나 또라이 같은 면도 있고 좋은 면도 있다. 인간의 좋은 면이 아닌 또라이 같은 면만 본다면 이 세상은 또라이 지옥이 될 것이다. 웬만하면 또라이를 못 본 척할 수 있는 내공을 기르자.

자신의 또라이 기질을
파악하고 관리한다

또라이 대처법은 타인의 또라이 기질뿐 아니라 자신의 또라이 기질에도 적용할 수 있어야 한다. 지금까지 소개한 또라이 기질은 크든 작든 누구나 하나 이상 가지고 있는 것이다. 자신에게 또라이 기질이 하나도 없다고 자신 있게 말하는 사람은 신의 경지에 다다른 것이므로 지금 당장 인간계를 떠나라.

그러나 보통은 자신에게 또라이 기질이 없다고 착각하는 것 역시 또라이의 일면이다. 이런 또라이는 자신에게 잘못이 없다고 생각하는 만큼 남의 잘못을 쉽게 용서하지 못하고 왜 나처럼 못하느냐면서 남을 무시한다. 이는 나 빼고 모두 바보라는 중2병의 발로이며, 몇 년만 지나면 나을 중2병을 평생 앓는 것과 같다. 평생 중2병 걸린 또라이로 살고 싶지 않다면 자신의 내면에 어떤 또라이 기질이 깃들어 있는지 제대로 파악해둬야 한다.

이 책에 등장한 또라이 프로파일 중 자신에게 해당되는 유형이 있다면 잘 기억하길 바란다. 자신의 또라이 같은 면을 정면으로 마주하려면 용기가 필요하다. 때문에 내 안의 또라이와 조우하는 걸 되도록 피하고 싶을 수도 있다. 하지만 또라이 기질을 대단히 치명적인 뭔가로 여기지 말고 인간이라면 가질 수 있는 단순한 단점으로 생각해보자. 살아가는 데에 스스로의 단점을 파악하는 일은 중요하다. 어느 부분이 단점인지 깨달아야 남의 공격을 제대로 방어할 수 있지 않겠는가.

내면의 또라이 기질을 알고 있으면 남의 내면에서 똑같은 또라이 기질을 발견했을 때 짜증 내지 않고 공감할 수 있다. 그러면 '나 같아도 그렇게 행동했을 거야.'라며 납득하고 흥분하지 않게 된다. 즉, 자신의 또라이 기질과 마주함으로써 남에 대한 관대함이 높아지는 것이다. 뿐만 아니라 나만 그런 게 아니라는 안도감도 얻을 수 있다. '나만 엉덩이가 두 쪽으로 갈라져 있나?'와 같은 식으로 '혹시 나만 그런가?' 하는 고립감을 느낄 때가 가장 괴로운 법이다. 이때 모두의 엉덩이가 두 쪽으로 갈라져 있다는 사실을 알게 되는 것만으로 자신의 엉덩이가 갈라져 있다는 사실은 여전해도 이상하게 마음이 편안해진다.

'난 또라이 기질은 없지.' 하는 생각에 빠지면 다른 사람들의 공감을 사지 못하고 그저 고독해질 뿐이다. 앞서 말했 듯 또라이 기질은 일종의 습관이라 좀처럼 고쳐지지 않는 다. 하지만 "넌 거짓말할 때면 항상 귀에 초코볼 네 개를 넣 는구나."라고 지적당하면 본인의 행동을 최소한 의식은 하 게 된다. 습관이라는 것은 의식하는 순간부터 행동의 횟수 가 줄어들거나, 초코볼 네 개 넣을 것을 두 개만 넣는다거 나 하는 식으로 행동이 가벼워진다. 이와 마찬가지로 또라 이 기질을 이해하고 의식하기 시작하면 무의식적으로 하던 또라이 행동의 수준이 가벼워질 것이다.

자신의 또라이 기질이 발동하기 쉬운 상황에 스스로를 놓 아두지 않는 것도 좋은 방법이다. 이는 '서툰 일은 처음부 터 하지 마라'는 말과 결이 같다. 서툰 일을 하면 내가 가진 능력을 제대로 발휘하기 힘들기 때문에 주변으로부터 평가 절하당하거나 스스로 낙담하기도 쉽다. 잘하는 일이 따로 있음에도 일부러 서툰 일을 해서 나쁜 평가를 받는 것은 당 연히 손해다. 알코올 중독자가 술을 멀리하듯 특정 또라이 행동에 관한 이야기만 나와도 못 견디게 하고 싶어 미쳐버 린다는 사실을 스스로 알고 있다면 애초에 이야기 자체를 꺼내지 않아야 한다.

자신의 또라이 기질 파악은 단순히 자기비판을 하기 위 해서가 아니라 전략을 세우기 위해서 필요하다. 중학교 2

학년이라면 '내 안의 억제 불가능한 그놈이 미쳐 날뛰는 군…….' 하며 질풍노도에 휩쓸려도 어느 정도 봐줄 수 있지만, 다른 어른이라면 또라이 기질을 여과 없이 드러낼 것이 아니라 '어떻게 하면 내면의 또라이가 튀어나오지 않게 할 수 있을까?' 하고 진지하게 고민해야 한다.

또라이 기질은 궁지에 몰렸을 때 무심코 튀어나오기 쉽다. 또라이 기질은 자기방어 본능의 하나이기 때문이다. 이러다 죽겠다 싶은 순간에 또라이 기질이 튀어나와 스스로도 놀랄 만큼 지저분한 수단으로 궁지에서 벗어난다. 역으로 또라이 기질이 없다면 궁지에서 벗어나지 못하고 죽을 수도 있다.

또라이 기질에는 단점만 있는 것이 아니다. 또라이 기질은 썩어빠진 세상에서 살아남기 위해 필요한 기술이 될 수도 있다. 그러므로 내면에 또라이 기질이 너무 많다고 해서 좌절할 필요는 없다. 수완 좋은 암살자가 품 안에 수많은 무기를 숨겨두는 것처럼 유사시에 수많은 또라이 기질을 강력한 무기로 활용할 수 있는 순간이 분명히 올 것이다.

단, 또라이 기질은 자신을 지키는 무기인 동시에 남에게 상처를 입히는 흉기다. 그러므로 자신의 또라이 기질을 확실히 파악하고 잘 관리해야 한다.

또라이가 침범할 수 없는
나만의 즐거움을 가진다

또라이는 어디에나 있고, 누구나 될 수 있고, 자신의 내면
에도 숨겨져 있다. 이 또라이 기질은 상황이나 정신 상태에
따라 내면에서 튀어나오기도 하고 잠들어 있기도 한다. 주
로 여유가 없거나 피곤할 때는 내면에 잠들어 있던 또라이
기질이 잘 튀어나오고 남의 또라이 기질도 눈에 잘 띈다.

경제 상황이 나빠 여유가 사라진 세상에는 또라이가 늘어
나기 마련이다. 또라이가 대량 발생하는 것은 적조 현상이
나 메뚜기 떼 같은 자연재해로 봐야 한다. 세상 탓으로 돌
리는 게 치사해 보일지라도 사람 탓으로 돌리는 것보다야
백배 낫다. 사람 탓을 하면 '이 또라이를 어떡해야 좋을까?'
와 같은 또라이에 대한 끝없는 고민으로 머릿속이 꽉 차버
린다. 이런 고민은 대체로 아무 소득 없는 시간 낭비다. 그
저 처음부터 세상이라는 막연한 대상에 그 탓을 돌리는 편
이 얼른 고민을 정리할 수 있어서 좋다.

일단은 아무리 빡빡한 세상일지라도 자신만큼은 여유를 가질 수 있도록 배려해줘야 한다. 예를 들어, 최근 문제가 되고 있는 난폭 운전을 당하더라도 '저 운전자가 똥이 마려워서 급한가 보네. 그럼 어쩔 수 없지 뭐.' 하고 여유롭게 생각한다면 화가 나기는커녕 상대방을 배려하는 마음까지 생겨난다. 반대로 마음에 여유가 없으면 '확 똥이나 지려버려라.' 같은 나쁜 생각을 품거나 여기에 그치지 않고 최악의 경우 본인이 보복 운전을 해버릴 우려마저 생긴다. 보라. 여유가 있느냐 없느냐에 따라 같은 상황에서도 이렇게까지 느끼는 바가 달라질 수 있다.

그렇다면 여유로운 마음을 가지려면 어떻게 해야 할까? 일단 충분한 휴식을 취해야 한다. 피로만큼 사람의 여유를 빼앗는 것도 없다. 매일 만족스럽게 쉬지 못하는 상황이라면 지금 처한 현실을 근본부터 살펴볼 필요가 있다. 여유가 없는 상황에서는 스스로 또라이로 화해 자기도 모르게 주변에 피해를 끼치고 있을지도 모른다.

휴식 다음으로 중요한 것은 즐거움을 가지는 것이다. 이 세상이 마냥 밝다고는 도저히 말할 수 없지만 그렇다고 전혀 즐겁지 않은 건 아니다. 퇴근길에 맥주 한 잔이라는 사소한 즐거움이라도 좋으니 하나 이상의 즐길 거리를 가져보자. 이런 작은 기쁨마저 없다면 또라이와 조우했을 때 '이 자식의 피를 빨아 먹어야 내 마음의 술잔이 채워지겠어.' 같은 과격한 감상에 젖을 수 있다. 자신의 마음이 분노 일색이 되고 마는 것이다. 하지만 분노를 잠재울 즐거움이 하나라도 있으면 '시원한 맥주 한 잔이 기다리고 있으니……' 하고 이후의 일로 시선을 옮길 수 있다. 나아가 '나중에 시원한 맥주 한 잔 마실 '나'님께 이런 태도를 보이다니 딱하구먼.' 하고 상대방을 불쌍히 여기는 마음까지 가지는 경지에 오를 수도 있다.

이 책에 등장하는 또라이는 모두 인간 특유의 또라이이다. 강한 자에게 알랑대는 동물은 있을지언정 비주류 문화에 심취한 동물은 본 적이 없으리라. 이쯤에서 인간은 어리석은 존재라는 거창한 내레이션이 흘러나와야겠지만, 이는 반대로 말하면 '또라이=인간다움'이라는 철학적인 결론을 내릴 수 있다는 말도 된다.

지금까지 질리도록 또라이라는 말을 써왔지만 마지막까지 또라이라는 말로 도배하고 싶진 않다. 앞으로는 또라이 같은 사람을 봐도 '또라이다!'라고 생각하는 대신 '인간다운 사람이다!'라고 생각해주기 바란다. 이렇게 생각의 변화를 꾀할 수 있다면 마음이 한층 여유로워질 것이다. 어차피 또라이는 사라지지 않을 테고 우리 내면에도 버젓이 남아 있을 것이다. 가능하다면 또라이를 미워하지 말고 함께 잘 지내도록 노력해보는 게 어떨까?

또라이
질량 보존의
법칙에서
살아남기

1판 1쇄 인쇄	2021년 5월 7일
1판 1쇄 발행	2021년 5월 21일
지은이	카레자와 카오루
옮긴이	이용택
발행인	황민호
본부장	박정훈
책임편집	강경양
마케팅	조안나 이유진 이나경
국제판권	이주은 김준혜
제작	심상운
발행처	대원씨아이㈜
주소	서울특별시 용산구 한강대로15길 9-12
전화	(02)2071-2094
팩스	(02)749-2105
등록	제3-563호
등록일자	1992년 5월 11일
ISBN	979-11-362-7289-8 03190